醜さの原因を治し美しさを回復する

沖ヨガ美療

沖正弘

ほんとうの美しさを求めて

ヨガとは、もともと統一、調和、安定の意味をもつインド語で、世界で一番古い修行法の哲学です。私がヨガの修行を志したのも、ヨガによって悟りの人になられたとされている、シャカムニブッダ（ムニとはヨガ修行者）の悟りへの道を学びたいということからでした。

ヨガは悟りを体得し、実行する事に必要な修養法と修行法を総合的に説いているもので、体の訓練（行）を伴った哲学であることが一大特色です。しかし、体の面への効果が大きくかつ学びやすいために、一般には、この効果にむすびつけて、あたかも健康法か治療法か美容法の一種であるかのように商業的に広められています。

今、世界的にそのようなものにヨガの名をつけてブームとなっていますが、ヨガはあくまで心の修養のためのものであり、総合的かつ自然的な理論と方法でない限りヨガとは言えません。ヨガは体だけのもの、心だけのものといった、部分的なものではないのです。

私の説くヨガが、求道的かつ総合的であるために、人々が沖ヨガの名をつけて他の非ヨガ的なものと区別しはじめたのですが（私がつけた名称ではありません）、求道総合ヨガと言うのが本当です。

さて、本来、治療法でも美容法でもないのに、なぜヨガ（たとえ部分的ヨガでも）の実行で、都合の悪いところがよく治り本当の美しさになるのでしょうか。それはヨガが、統一性、調和性、安定性、すなわち自然性を高めるものであり、その実践によって自然性維持回復能力が高まり、不自然性の産物である、痴、醜さ、迷いがなくなっていくからです。

私がヨガを美容に応用する方法を説きはじめたきっかけは、一九五八年、ファッションモデルと美容師の会でその指導を頼まれたことからです。当時、私にとってそれは未知の世界であったために、大いに興味をもち、頼まれては、数多くのミス○○までつくりだしました。

各種各様の美容法なるものに、日本はもちろん、欧米でも接したのですが、それらの間違いがあまりにも多いことに気づきました。その後も数多くの出版社から、美容の本をと頼まれましたが、求道の心がそれを許さず、一切お断りして二十年たちます。

それなら、なぜ今回美療の入門書を出す心になったのかと言いますと、次の二つの理由からです。一つは、総合ヨガの立場から、美療法という一部門を作ること、もう一つは本来は宗教的哲学であるヨガが、現在のブームと商業イズムに便乗して、他の美容法や治療法と同じあやまちを犯し、それが広がっており、それを正す必要があると感じたことです。それも大半は、私の弟子達が犯しているのです。社会にあやまる心とあやまりを正す願いからの出版であることをご承知下さい。

美容法と言われているもので、どういう美があやまっているのかを簡潔に記してみます。

健康な生活の工夫をし、心身ともに健やかではれやかな自然的な生き方をしていれば、誰でもそのままで美しいはずです。しかし皮膚が汚ないとか、肥満しているとか、本来の美しさをそこなっているのは、それをつくり出す根本的な原因があるからです。この種の人は、美を求めるより異常を治すことが先決です。

しかし、いわゆる多くの美容法は、この重大な事実をぬきにして、外形の美しさのみを求め、異常のあるままに無理に全体をやせさせたり、かたよった食事で減量させたりしています。これが危険でなくて何でしょうか。この点に私は気づいたのです。

そうして、美容法と治療法と求道法を一つにしたもの、すなわち異常が治り、健康になることによる美容法として美療法をあみだしたのです。さらに、全生活を通じて総合的に行うべきであり、かつ個性的であり、求道的なるべしと、「ヨガ美療」の名をつけたのです。

このことを最初に公に発表したのは一九六五年、毎日テレビの依頼で、半年間放映したときで、そこでは「ヨガの調和の原理にもとづいて美容法と医療法と修正法を総合したものである」と説明しました。その後、要請にもとづいて、ヨガ美療のための協会と学会をつくり、その講習を開き、受講者中の何人かは教室を開いています。（国際ヨガ美療学会の名称は政府に登録してあります）

私は最後に、心身に異常があるために美をそこねている人にひとこと申し上げたいと思います。それはヨガ美療法を行うことによって本来の美を回復する場合が多いのですから、悲観することもなく、信頼をもって実践していただきたいということです。

私には、このヨガ美療応用による数多くの忘れがたい思い出があります。不治とされている、全身白なまずの女性数人を救ったのがはじめです。

その後カバーマークの社長が会員になり、その縁で、大きな赤あざ、青あざの女性を救いました。この原理は、アトピー性皮膚病と子宮筋腫の治り方からそのヒントを得たのです。内臓、神経、ホルモン、血液を改造し、悪癖を修正すると自然に治っていくのです。またAの刺激で生じたものは、Bの刺激では存在できなくなり、消失してしまいます。

ヨガの修正法を行うと、毛深い人はうすくなり、うすい人は生えてきます。

欧米では、私の指導による体質改造で、ソバカスの消えた女性が多くいます。また修正法を行うと、生理異常やつわりはもちろん、流産や逆児も短い期間で是正できました。これらの事から得たヒントであみだしたのが沖ヨガ式自然（無痛）分娩法であり（二、三十分での安産）、出産美容法です。

女性には一生を通じて肉体面で大きな変化があります。すなわち生理・妊娠・閉経など、男性から見ると想像もつかないような生理的に大きな刺激を自らに課しているのです。多くの女性は、初潮があったとき、また月々の体の変化、結婚と妊娠、そして出産、やがて閉経と共に訪れる更年期障害など、そのたびごとに生理的な変化を身をもって感じておられることでしょう。生理的な変化が人生そのものを形づくっていくと言っても過言ではありません。

女性にとって必ず起こってくるこの変化を上手に活用したならば、あなたは必ず健康になれ、美しさを手にすることができるのです。物事の変革期というものは、活用の仕方でプラスにもなればマイナスにもなります。女性としての幸福な人生をおくれるかどうかの別れ道であり、また絶好のチャンスであることを肝に銘じて下さい。

一番面白い事は、指導している私でさえ驚くことですが、美療法によって痩身法を行うと、誰でも一時間以内に一キロ以上体重が減ることです。身長も二、三センチは伸びます。先日、頼まれて静岡のテレビで四人の一般応募者にこの実験の公開をしてもらいましたが、全員日常生活をつづけながら、二十日で十キロ内外の体重を減らしました。このように体重を減らすことなどはむずかしいことではありません。しかし減ったことがすなわち、よいことではありません。異常部を治さず、その原因をのぞく生活も行わずでは、病人をつくるようなものです。

もしあなたに異常がある場合は、ヨガ美療を学んで、病因を修正し、健康度を促進し、特に精神修養を中心にして、個性の開発された本当の意味の人間的美人になられることを深く望みます。

昭和五十四年五月

沖　正弘

目次

3章　自己診断

4章　ヨガ美療実践

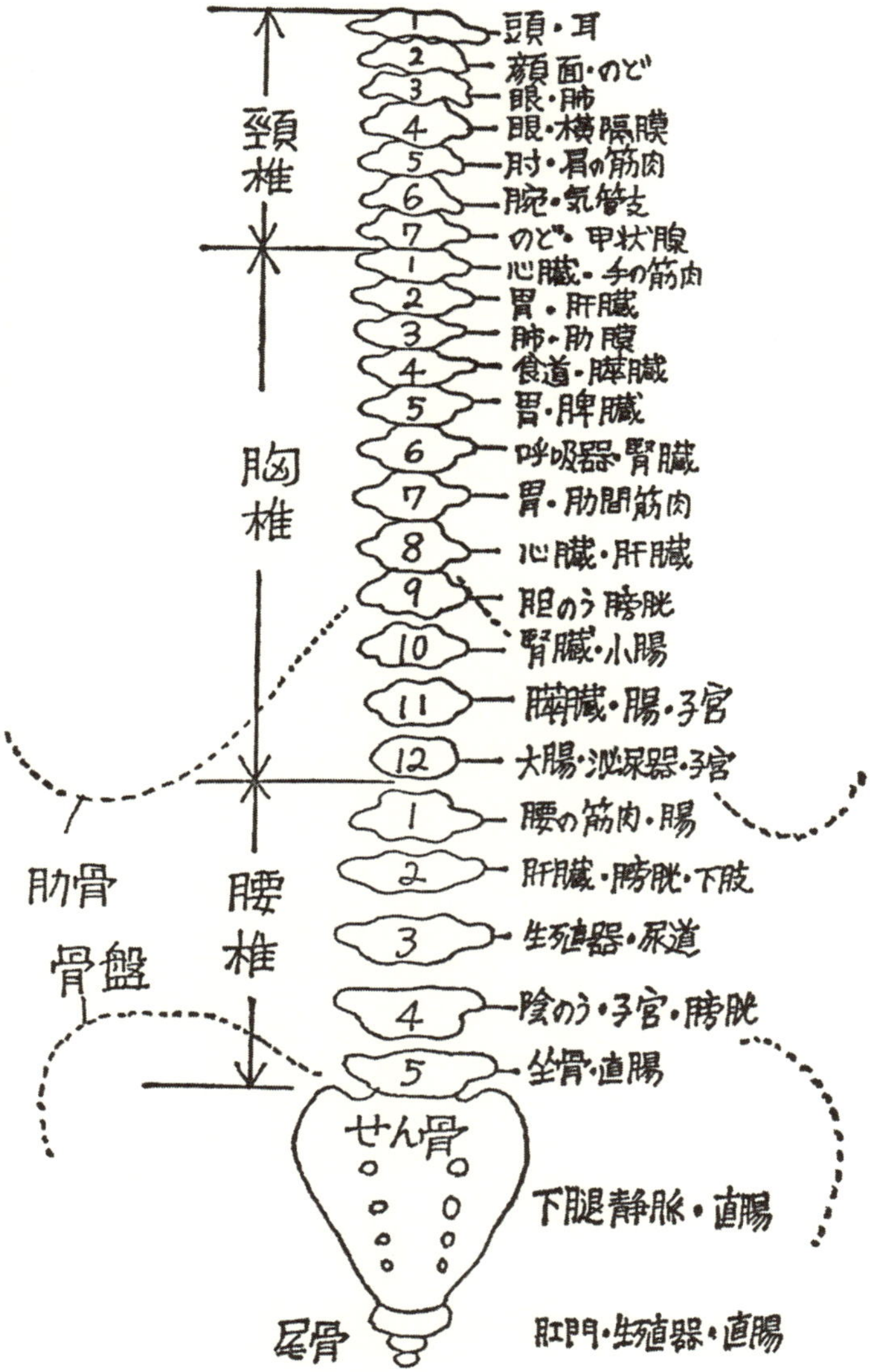
頸椎
胸椎
腰椎
肋骨
骨盤
せん骨
尾骨
頭・耳
顔面・のど
眼・肺
眼・横隔膜
肘・肩の筋肉
腕・気管支
のど・甲状腺
心臓・手の筋肉
胃・肝臓
肺・肋膜
食道・膵臓
胃・脾臓
呼吸器・腎臓
胃・肋間筋肉
心臓・肝臓
胆のう 膀胱
腎臓・小腸
膵臓・腸・子宮
大腸・泌尿器・子宮
腰の筋肉・腸
肝臓・膀胱・下肢
生殖器・尿道
陰のう・子宮・膀胱
坐骨・直腸
下腿静脈・直腸
肛門・生殖器・直腸

1章　美しい心とからだ

1　自然、調和、美

現代の美しい女性

本当の人間の美しさは、人間そのものの美しさ、すなわち、精神的、肉体的および生活的なもの全部を合わせた美しさです。ところが、過去の女性美は、人間美というよりも愛玩用としての外見の美しさであり、それがあやまった肉体美の追求にまで変わっていきました。

美そのものは調和、すなわち自然性のあらわれですから、本当に美しい人間には自然美が現れています。美容をする場合にも、生理的、生活的、精神的健康の三つが兼ね備わって、はじめて真の美が生まれるのだという考えのもとに、外見的な美しさと、内からにじみでる美の両方を追求するべきです。そのためには、まず自分を知らなければなりません。自分に合わないことは、不調和であって美ではありません。着物でも自分に合ったものを着ることが外見美の原則です。

現代的美人とは、強さ、明るさ、はつらつさ、および解放感が現れている人のことです。真の美人になるためには、まず第一に、精神美を求め、感情と知性をたかめて整えなければなりません。

良い感情と悪い感情を持ったときでは、血液の循環が違います。知性がないと、動物的白痴美になってしまいます。

化粧でも髪の結いかたでも着物の着方でも、芸術の一つとして創造し、創作するべきです。創造性や合理性、科学性、知性などの欠けているところに醜さが生まれるのです。一人一人が独特の美しさを持っているのに、その自己発見をしていないために、「美人」になれないでいるのです。

髪型美の原則は、顔の型とバランスがとれていることです。着物の色にも、暖色と寒色があるから、太っている人はからだを引きしめる色の着物を、やせている人は、暖色の着物を着ればよいのです。

美しくなる努力は、美を楽しみ尊ぶ心を養う訓練です。沖ヨガでは「醜いこと、けがれていることは罪悪である」としており、美を修業法の一つとしています。この意味で一番困ることは自己を見失っている人の多いことです。この種の人はいたずらに他の真似をしたり、競争をして、劣等感を持ったりするために自分の持っている美しさを殺してしまうのです。

ヨガでは、「自分の生かし方を悟りなさい」と教えています。化粧でも自分の個性を生かす自分の方法を持つべきです。真似をするだけではなく、流行をたくみにとり入れながら個性を出すことが知性美です。

人間は、だれでも美しくありたいという本能を持っていますが、いままでの美しさの観念は、調

自分自身の美しさを求める

和美、均整美、自然美、全体美を忘れていました。特に女性美は男性の性的な対象とされてきたために、女性もまた、それをアピールしてきたわけです。「八頭身」など日本人にとってナンセンスな体型が、いかにも良いものであるかのように思っていたことさえあります。不健康なもの、病的なものを美であるかのごとく扱っているものさえ多いのです。日本人型の美とはなにかを知るべきです。

たとえばハイヒールなどは、そもそも雨よけのためにつくられたもので、男性がはいていたものです。ところが、女性がハイヒールをはくと、バストが前に、ヒップがうしろへ出て、性的魅力を強調できるので、女性のものとして残ってしまったのです。

自分の特性を開発してそれを生活に生かしてい

る人が魅力ある美人です。自分の服を着、自分の髪型をもち、自分の化粧をするのです。

またすべてにわたって調和がとれてはじめて美しくなるのですから、沖ヨガのように常に総合性を工夫して下さい。とにかく美とは正しい状態をいうのですから、健康状態を正しく保ち、平和な心理状態を持つ事が大切です。正しいとはバランスがとれていることですから、動きの美も、静的個所である胴体と、動的個所である手足のバランスがとれていないと醜くなります。

また母親となって美しい子供を生みたかったら、母親が精神的にはもちろん、姿勢、動作、呼吸のすべてに気をつけるべきです。さらにその子供が自分で美を発見できるように、美への心を養わせる教育が大切です。暗示美容法と言って「自分は美しい」と自分に言いきかせて、美しくなる方法があります。美にとって一番の禁物は劣等感をもつことです。ものの価値は、解釈の仕方と生かし方で変わるのですから、美として考え生かす方法を教えるのです。短所にみえるたった一つのことにでもひけ目を感じさせると、心身全体が醜くなってしまいます。

美人になりたかったら、自分は美しいと思うと同時に、またそう念じ続けることです。目鼻立ちはかえられませんが、肌は努力次第で美しくできます。健康な生活をして、血行と食物に気をつければ、肌はいきいきとしてきます。私は幸福だ、生きているのが楽しいと思えるような生き方の工夫をすることがヨガ的美容法のコツです。心が清くなると顔も清くなるのです。すべてを尊く聖的に受け取り生かす心がヨガの心です。

美しさの追求

外側の美は皮膚と姿勢と動作です。正しい姿勢を養うには、かたよった生活は禁物ですが、どうしても人間の生活はかたよりがちですから、自分に合った修正体操を行って、常にバランスを保って下さい。

また完全な呼吸の仕方を身につけることが肝要です。色を白くするために活性酸素を吹きつけてメラニン色素の多くなるのを防ぐ方法もありますが、正しい呼吸をして自然食をしていれば酸素が充分にはいるのですから、笑い、楽しむ生き方が最上法です。またビタミンC剤が美容剤になっていますが、それより野菜を食べる方がはるかにいいのです。欧米女性の肌がきたないのは、肉食過剰、便秘、過剰興奮のためです。血がきれいでなくては、美肌は得られないのですから心と食べ物についてよく研究して下さい。巷には数多くの美容食に関する本が出ていますが、偏食法、病人食法、邪食法と言うべきものが多いのです。

真の栄養食が真の美容食であり、自分の体に合う必要である質をもった食物を自分にあった量だけ食べるのが栄養法です。クスリ（漢方薬を含む）だけでなどという宣伝はナンセンスです。いつまでも若々しくある方法は、明るい表情と人に喜ばれる心をもって楽しくいきいきと生きることです。いやなことが起きたときは、明るい心にするような考え方の工夫をするのです。いつもニコニコ顔をしていられることが精神美であり、これはメーク・アップではできないことです。

自己にあった表現方法

昔、日本の女性の絵は口を小さく描いております。外人が唇を大きく描くのは理由があるのです。日本人がその真似をすると醜くなります。鼻からアゴまで線を引いてみると、黒人は口が前へ出ており、欧米人は引っこんでおり、東洋人はちょうど線のところにあるのが普通です。欧米人は濃く、大きく表現しないとはっきりしない訳です。

今、整形手術が繁盛していますが、ケガとかの特別な場合以外の手術は無駄で、むしろ有害なことです。

私は斜視の人を、断食刺激で治したことがあります。顔の血行不良と歪みを足への刺激で治しました。自分の顔かたちは、自分で彫刻していくべきものであることを自覚して下さい。間の抜けている生き方が醜さをつくるのです。

美人になるためには、内臓の強さが必要です。肝臓、排泄機能、毒素の中和機能などが強く完全でないと駄目です。心身の毒素を早く出してしまい、心身にいいものだけを残しておくのです。心に一番よいものは喜びであり、喜ぶためには感謝心が必要です。

内臓の強さが美の条件

美はなかからわきでてくるものであるという真実がわかってくれれば、外見からだけ美しくしようという考え方は、無理であることがわかります。

環境の影響

ストレスや騒音は、人間を非常にきたなくします。心静かということは感情を鎮めますから、体にもいいわけです。冥想行法を行うとすばらしい美しさがでてくるのは禅定心、信仰心、三昧心がたかまるからです。山に行って、そこで出会った人はみんなきれいだったが、その人達と街で会ったら悲観したという話があります。それほど、人間は環境刺激に支配されやすいのです。役者は舞台に出るときが一番きれいだといわれるのも同じことです。

結局、健康が美の基本ですが、多くの人は健康がなんであるかを知らないようです。それを把握する方法は、正しい生活をして正しい人間になる努力をすることです。精神美と健康美と調和美と生活美の四つを総合してもっているのが、本当の美を表現することになるのです。この美容法は、健康人を対象にしての方法です。次にのべる美療法が、異常を治すことによって自然に美しくなる方法です。美療法と言うのは、私の考えたことばですが、これは美容法に私のあみだした修正法（必要な場合は医療法も加える）を加えた総合的な方法です。

修正行法について

異常を自然的に治す行法の一つとして慢性病解消に驚くべき特効を現しているものに沖ヨガが発明した修正呼吸体操法があります。

からだは本来、正常（健康）で生きるようにできているのですから、歪みやかたよりや過不足の異常条件が身につくと無意識にそれを是正、除去、修正しようとする働きが起こってきます。伸びやあくびがこの例です。この無意識の自然修正法を意識的に動作および呼吸として行うのが、修正呼吸体操です。この行法は、動物や私達の祖先や健康人が自然に、またはカンによって行っている異常回復のためのポーズや動作や息づかいを学問的に研究して、こういう異常の時には、こういう動作や呼吸をするにちがいないと、その方法を意識的に行うのです。

健康維持状態が高まれば、自然的に調整能力がよく働いて、無意識に異常を治してしまうが、異常癖が固定し、さらに保護過剰で弱化していると、この自然力の働きにくい麻痺体、すなわち慢性病体になってしまいます。たとえば難聴の人の首は曲がってかたく、目鼻の異常者は猫背であり、イビキをかく人の首は曲がっています。これら癖の修正法を行うと、即座にその働きを回復することを実験することができます。したがって修正行法は、いのちの働きに協力して、自然性の回復法を総合的に行うものであるといってよく、それゆえにこの方法が慢性病解決の鍵になっているのです。

ヨガ美療体操法は、美容法と医療法と修正法とを一つにした呼吸体操法であると言えます。美しくあるためには、健やかさが必要であり、健康とは心身全体の働きのバランスがとれていることです。病的症状は、異常を解消して、健康を回復する内なる働きの現れですから、ヨガ美療法では、修正法（必要な時は医療も加える）を行ってから美容法を行います。このようにヨガ美療法は、体の癖となっている姿勢と動作の歪み、かたよりと、そのための不完全呼吸のつくり出すストレスを除く方法です。

2　肥満とは何か

「太っていること」と「肥満」

「肥満」という言葉は、一般的には、正しく理解されていません。本来、人間の体は、その人だけに合った体重、体型というものがあります。それゆえ外形的にみて「太っている」ことが即「肥満」ではありませんし、これだけの身長だから体重はいくらにすべき、云々というように、体重基準表に書いてあるから、これだけの体重にするという発想や画一的な考え方は、間違っていると知るべきでしょう。自分に最適な状態は自分の能力が最上に発揮できる状態、すなわち調子が最高な時です。

それではどんな状態を「肥満」と言うのでしょうか。「肥満」とは病的な原因になりうる不要の脂肪が、体内に残っている状態のことです。

たとえば、外形的には一見やせているように見えても、この不要脂肪が残っているならば「肥満」ですし、逆に太っているようにみえても、その人の元来のタイプがそうであり、訓練によってつく

肥満は不良脂肪のかたまり

られた良質脂肪であれば、それは「肥満」ではありません。つまり、やせた肥満型もいれば、太っていても肥満でない人がいることになります。

脂肪には二種類ある

一見太っているようにみえても、その体にどういう脂肪がついているかで、異常かどうかが異なります。

脂肪には燃えやすい柔かい脂肪と、燃えにくい固い脂肪がありますが、前者の脂肪は、細菌のエサにもなり、病的原因となる脂肪で、取り除く必要のある不要脂肪です。

よく運動し、訓練しているが太っている人についている脂肪は、燃えにくく固いタイプの脂肪で、積極的な適応現象でついているので、これは健康的脂肪です。

肥満の三種類

同じように見える肥満体でも、その内的原因には、三種類が考えられます。実際の人間はこれらの三種類の原因が混合していますが、三種とも、結局むくみ、または、はれている現象であって、正常な体（健康体）ではありません。

①　水ぶくれ――身体に合わないものを食べていると、身体には防衛機構がありますから、自己に不要な成分を排泄しようとします。ところが、外部へ排泄しきれないと、皮下にたまって、水分で細胞を囲み有害なものから守るという現象が起きます。これが水ぶくれです。

②　油ぶくれ――たとえ身体に合ったものを食べていても、消耗するよりも過剰に吸収されてくれば、皮下へ脂肪としてため込むことになります。食べすぎて運動不足であると、この油ぶくれになるわけです。

③　不要物ぶくれ――身体の排泄能力が低下しているために、当然排泄すべきものまで、ため込んでいる状態をいいます。これが皮下の脂肪や水分にため込まれているわけです。

以上のような三種のどれにあてはまるかは、排泄で判断することができます。便秘や下痢は、自分に合わないものを食べていることが第一原因です。したがって、太っていて便秘の人は、中和力、排泄力を高めるものを食べることが必要です。運動不足になると、油ぶくれになります。そしてこの脂肪は一番体の弱っている所、無理のかかっている所、異常を守らなくてはならない所にたまるのですから、太り方で診断ができるのです。そうしてそこだけの脂肪のとり方が正しいやせ方です。

健康にやせる

根本的に前記のような考え方にたつべきですから、まずどういう理由で、そこに不要な脂肪がついているのかを問題にすることが必要です。ところが、ただやせれば良いという考え方や、ふつうで言う痩身法では、不健康状態をつくって、また異常のままでやせさせてしまうという危険が生じてきます。

正常な体（自然体）ならば、また、それを維持する能力があれば特別に太ったり、やせたりするものではありません。そして正常ならばそのままで美しく、これを自然体（正常体）というのです。異常な太り方、やせ方をしているということは、不自然体、すなわち病体であることです。この観点をもたずに、みてくれでやせたり、太らせたりするのは、正しいやり方ではありません。

これに対して、ヨガ美療法では、まずどういう原因でそうなっているかをしらべ、個性別に必要な訓練をして、不自然をなくし、健康にしながら、その人にぴったり合ったやせ具合、太り具合にするのが特徴です。

理想的体重をもて

一人一人体質が違うのだから、理想の体重は一人一人違うのが正しいのであって身長マイナス一一〇はいくら、という考え方は理想的ではありません。

自分の最も適当な体重は体重計や体重基準表に示されているものではなく、心身の調子の最もよい時の体重が最高の体重なのです。

それはどんな状態かというと、気分がよく呼吸が深く、自然的に動作がスムーズになり、スピード感にあふれ、ファイトとスタミナがあり、活動的で、しかも、身体があることを感じないほど身体が軽い状態です。

適正な体重でないと、身体を使うのがおっくうでその存在を重く感じます。また体重は他の生理作用と同じく毎日小刻みに変化するのが普通です。

肥満の原因

肥満とは、不要な脂肪が体内に残っていることですから、どこかまた何かにそうならせる原因、異常があることを意味しています。

その原因となるのは、心の面にも、体の面にも、生活にもあります。

〈体型的な原因〉

食べすぎるから太るのだと思われがちですが、食べすぎること即太ることではありません。食べすぎてもやせている人がいたり、水を飲んだだけでも太ってしまう人がいますが、これは体型的な問題なのです。

すべてのものは、(+)と(−)のバランス、陰と陽のバランスでなり立っており、人間の体も、広がる力としめる力のバランスでできています。体型的に、広がる力が強い状態になっていれば、水を飲んでも、あまり食べなくても、太ってしまうものです。逆にしまる力が強い状態ならば、食べすぎても、やせてしまうのです。

筋肉も同様で、伸縮のバランスが、ゆるむ方にかたよっていれば、太りやすく、縮む方にかたよっていればやせてしまいます。心の面と同じことで、同じ刺激をうけても、緊張してしまう人と、ゆるんでしまう人があります。

このような体型的原因の肥満は、体操・運動の面からと、心の面から治す必要があります。食事だけをいくら変えてみても、だめだということです。体操で修正しないと体型は変わってきませんし、運動しないと筋肉もたるんでしまいます。感じ方、考え方も変わってこなければ、つまり脳が安定しなければ、脳からの影響で、体も変わってきません。

ヨガ美療法の修正体操法は、骨盤、筋肉の収縮力を高める**体操**と、脳を安定させる**呼吸法**と異常部を治す**修正法**とでなり立っています。

脂肪のつき方で異常がわかる

肥満している人をみると、人によって、脂肪のついている所がいろいろと違うのがわかります。いわゆる美容体操をやっても、運動・スポーツをやっても、どこそこの肉が少しもとれないのです、と言う人がよくいます。それは体の異常がどこにあるかを示しているので、その保護体制としてぜい肉がついているのですから、その異常の原因が除かれないかぎり、何をやっても、その脂肪はとれないのです。

たとえやせたようにみえても異常部の保護体制を無理にくずすのですから病気が悪化します。したがって、脂肪のつき方で異常の原因を知り、その異常を正すことが先決問題です。

① **大根足**

脚・足への神経は、腰から出ており血液は腹を通るのですから、腰か腹部に異常があります。また首の力がぬけると、足も太くなります。

ヒザから上が大きい人は、腰椎一、二番と膀胱、胃腸、肝臓の収縮、盲腸に異常があります。

ヒザから下が大きい人は、腰椎四、五番と排便促進、大腸、膀胱摂護腺、下肢に異常があります。

大根足は小指側に重心のかかる体の使い方をしていることでもあり、栄養過剰でもあります。

② **腕のぜい肉**

肩から上に異常があることを示しますから、肩・首・頭の異常部を正す必要があります。

③ **背中の上部のぜい肉**

その部分に余分の力、無理のかかる姿勢をしていること、また肝臓や胃の異常を示します。

④ **背中の下部のぜい肉**

腸部の異常を示します。

⑤ **腹部のぜい肉**

内臓全体のたるみ、うっ血および内臓の下垂を示します。

呼吸力の弱い人、腰の弱い人にも腹にぜい肉がつきます。

脂肪のつき方で分かる身体の異常

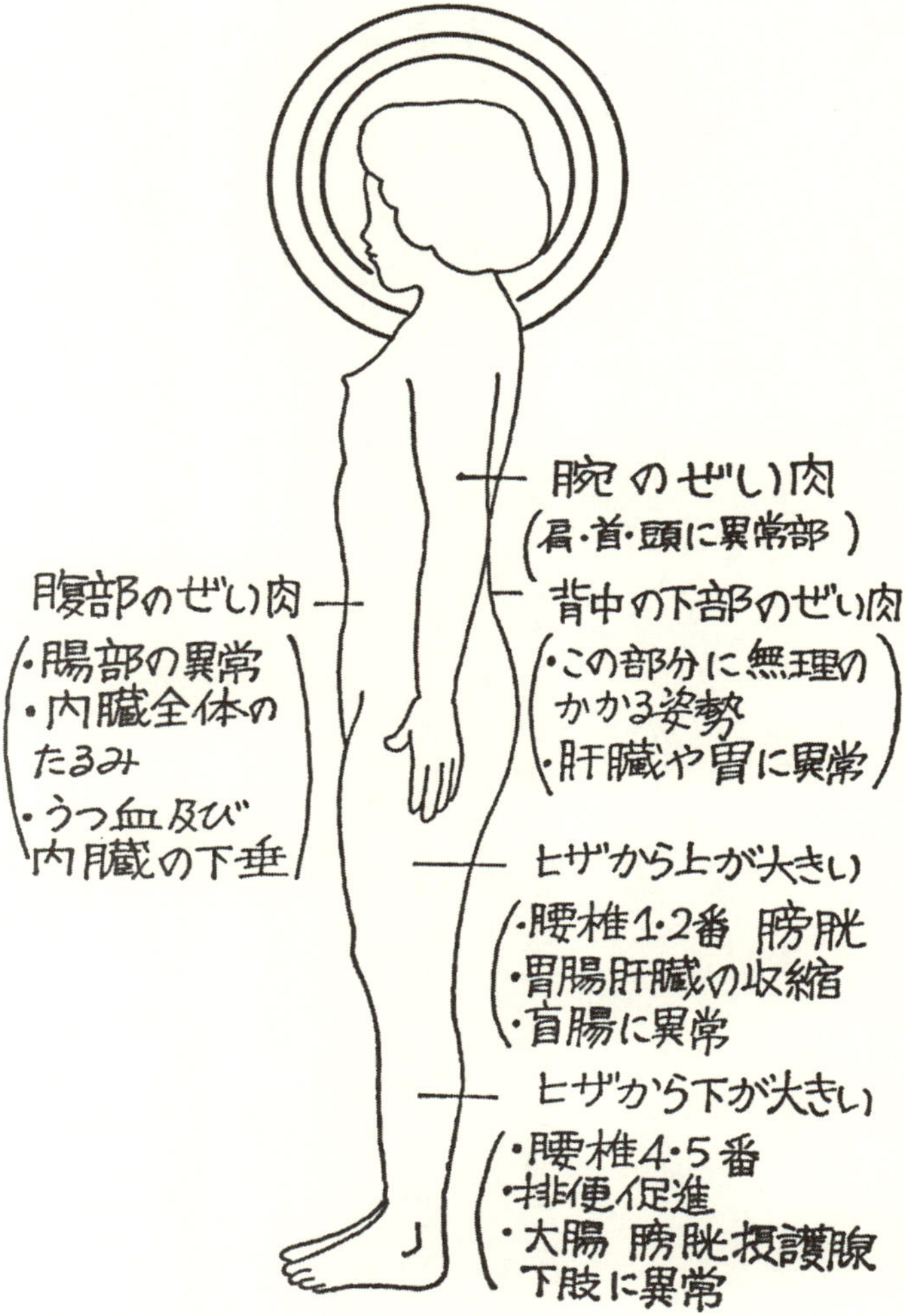

3 皮膚について

美しい肌をつくるには

美しい肌とは、どういう肌でしょうか。それはまず血色がよいことです。血色がよければおのずからつやがあります。そしてうるおいがあります。こうした肌は、何とも言えない張りがありみずみずしいものです。

皮膚は、体の表面を保護しているだけでなく、生体、とくに神経の代表としてその状態を示しているものです。また体温調節、吸収、排泄などの働きをし、外部環境との連絡機関でもあります。肌が美しいか否かは、皮膚の弾力性（水分）、血行、血液の成分、色素によって左右されるものです。たとえば、シワができるなどの皮膚の状態は、乾いてしまった状態、弾力性の減少を意味し、シミ、ソバカスなどは、これに伴って色素にも変化が現れて、できるものです。また肌が汚ないということは、皮下に、不浄な成分を残しているということです。背骨を伸ばし恥骨をひいて骨盤を下げると皮膚もいきいきしてきます。悪い姿勢であると皮膚もたるみ無力化してくるのです。

次に肌が荒れたり、シミ、ソバカスができたり、にきびやその他いろいろな皮膚の異常がどうしてできるか、お話しましょう。

皮膚は心の現れ

イライラ、ソワソワなど感情の乱れや、欲求不満などの心理状態の影響を最も受けやすいのが外胚葉から成った皮膚と神経で、皮膚の異常の原因の一つは、心理状態の不安定にあります。皮下の毛細血管は内臓を支配しているのと同じ自律神経の支配下にあり、自律神経は、欲望、感情に左右されますから、内臓の状態と感情の状態は、そのまま皮膚に現れるのです。また、心が乱れれば、血液も濁らせますし、皮下に毒を排出して、皮膚を汚なくします。

したがって、美しい肌をつくる第一は、心を喜ばせ安定させることです。心が平和なとき自律神経、ホルモンの中枢である間脳《かんのう》が最も良く働くからです。恋をすると美しくなるのは、血行がよくなり、ホルモンの分泌が盛んになってくるからです。

心の平静を保つ最上の行法は座禅行法です。常に深く長い静かな呼吸を行い、喜び、笑い、感謝するように心がけることです。皮膚と神経にとって最大の栄養となるものが酸素ですから、深い呼吸と生野菜食が必要なのです。

美しい心に美しい肌

皮膚を美しくしたかったらまず楽しみ喜んだ心で、生きる工夫をすることです。沖ヨガでは「笑い」を活用しなさいと教えていますが、それは皮膚の美化には、深呼吸と心のくつろぎが、最大の効果をもっているからです。

皮膚と異常の原因

皮膚の異常は、血液が酸性化し濁ることと、有毒物、不要物に対する中和力、排泄力の低下が原因になります。うっ血して血液成分中の水液が血管の外ににじみでて、できもの発疹の形をとったり、さらにバイ菌がついて化膿したものは皮膚病になります。その原因としては、食生活の誤り、姿勢の歪み、心の異常などが考えられます。

にきびは、単なる皮膚病ではなく、人生の転換期に体内に起きる化学的激変の産物です。思春期には性ホルモンが激増し、この刺激が皮脂腺の油脂の生産をも過剰にしてしまうのです。そうして皮膚の働きが鈍るか、栄養分に不足がある時、これについた皮膚細菌が感染を起こすのです。

皮膚と内臓の異常

栄養素の過不足、腐敗食物の残留、過食、偏食による肝臓、腎臓、胃、腸の働きの低下している人は皮膚の異常を起こしやすいのです。

特に、便秘は皮膚の異常に限らず、万病の原因となっています。またビタミンやミネラル不足も原因となります。ビタミンは皮膚と何らかの関係を持ち、ミネラルには毒物中和の働きがあり、特にカルシウムには皮膚の抵抗力を高め、水液が血管の外ににじみ出るのを防ぐ働きもあります。

したがって、皮膚を美しくするには、内臓から正し、中和力、排泄力を高めることが大変重要です。皮膚病は内臓病、血液病、神経病のいずれかであると考えるべきです。

にきびの位置と姿勢の関係

皮膚と姿勢の異常

内臓の異常は、姿勢の異常を伴っていますが、姿勢が狂っていることは皮膚異常と大変関係が深くなっています。

骨盤や、筋肉の収縮力が弱く、そのために腹力、腰力が弱く恥骨や骨盤が位置異常になると、皮膚の異常を生じます。たとえばしみがでたり、しわになったりします。また前屈姿勢の人が多くいますが、これらの人は腎臓、大腸の排泄力と、肝臓、胃腸の機能も低下しています。

また、どこの皮膚に異常が生じているかということと、どのような歪みがあるかも、大変関連が深いのです。たとえば、ふきでものが出やすい所は前屈タイプの者には、額と口の下側に、かたよっている者には一方の側に、ねじれている者には、顔の部分にチグハグに（特に頬の部分に多い）、重心の上がっている者には、口のまわりに特に多いというようにです。

皮膚と食生活、断食について

結局、皮膚の異常を正し、美しくするコツは心の平静、血の浄化、排泄、血行の四点を完全にすることです。

食生活は酸性食と過食、偏食を徹底してやめることです。食物の種類は、中和力、排泄力を高めるために、ビタミン、ミネラル（カルシウム、ナトリウム、ヨードなど）の多いものや、低脂肪、低デンプン質のものを食べることです。皮膚病のとき一番早く根本的に治す方法は断食することですが、それができなければ、玄米と野菜食を中心とした自然食を実行することが必要です。

生活は、普段から、薄着、水浴または温冷交互浴（湯には塩、イオウ、酵素、ぬか、果汁、野菜汁を入れるとよい）、日光浴などにより、皮膚を丈夫にすると共に、運動を怠ってはいけません。汗も積極的に出します。

動きの面では、後述の皮膚を美しくする修正法を行って、歪みを正します。

また、生活がすさむと肌はあれてしまいます。化粧は、皮膚を本当に内側から美しくしてからするのが、健康的方法です。

肌は、寝ている間に浄化されますから、眠る前には、排泄をすませ、リラックスして楽しい気持ちで眠ることが必要です。

精神的に美しい人は、肌もきれいになります。

2章　生活の中の簡単な体操

1　心身をコントロールする

人間の一日の生活は、その時々の心の状態で、全くちがったものになってしまいます。

心がコントロールされなければ理性は、よく働きませんから、物事の判断を間違い、また、物事に失敗もしやすくなります。

ここでは、呼吸法や体操で、心をコントロールする方法をご紹介しましょう。

①イライラしているとき

みぞおちと首がかたくこっていますから、筋肉をゆるめることがポイントです。

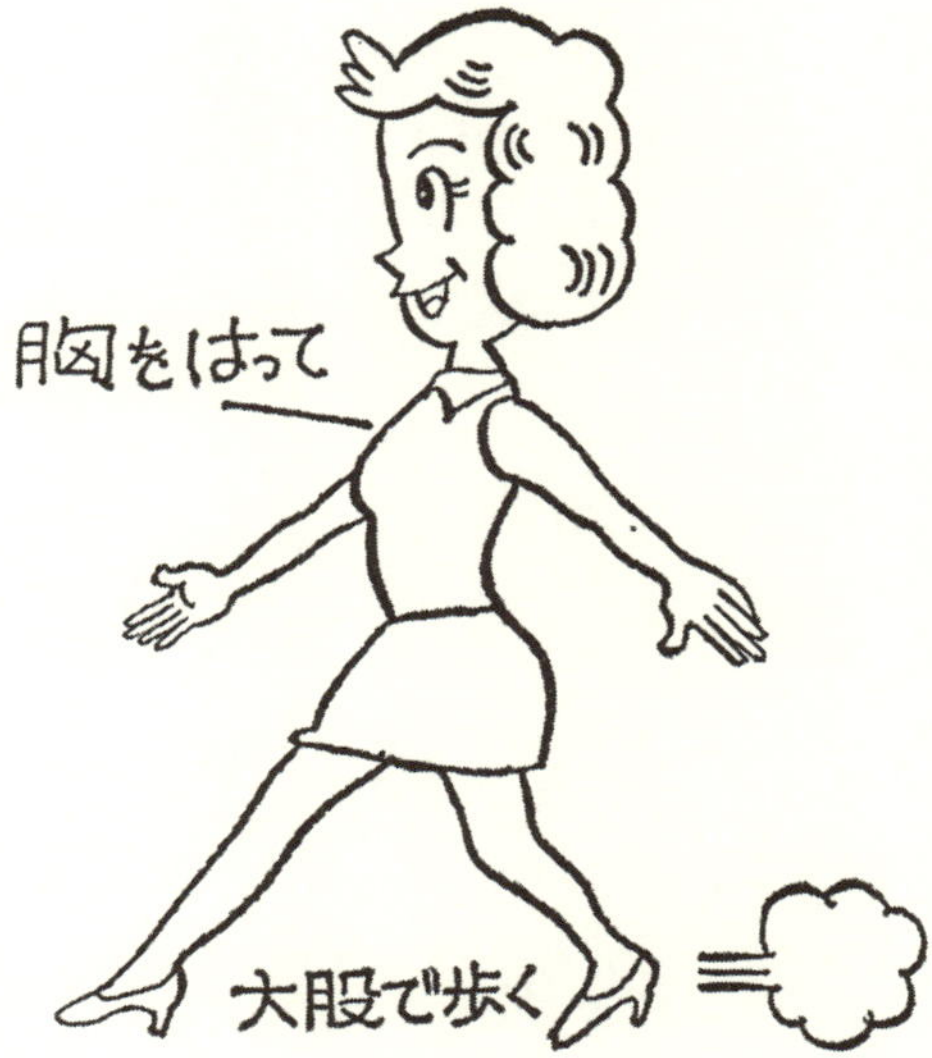

②おこりっぽくなっているとき

みぞおち、首の筋肉、背中の一方の筋肉が片方より萎縮硬化していますから、足腰に力の入るポーズをして重心を下げ、みぞおち、首、肩の筋肉の力をぬき、ねじりや曲げる体操をします。やりにくい方を多くやることにより、背中の筋肉のかたさの差をなくし、肩首の力をぬいた深呼吸をします。

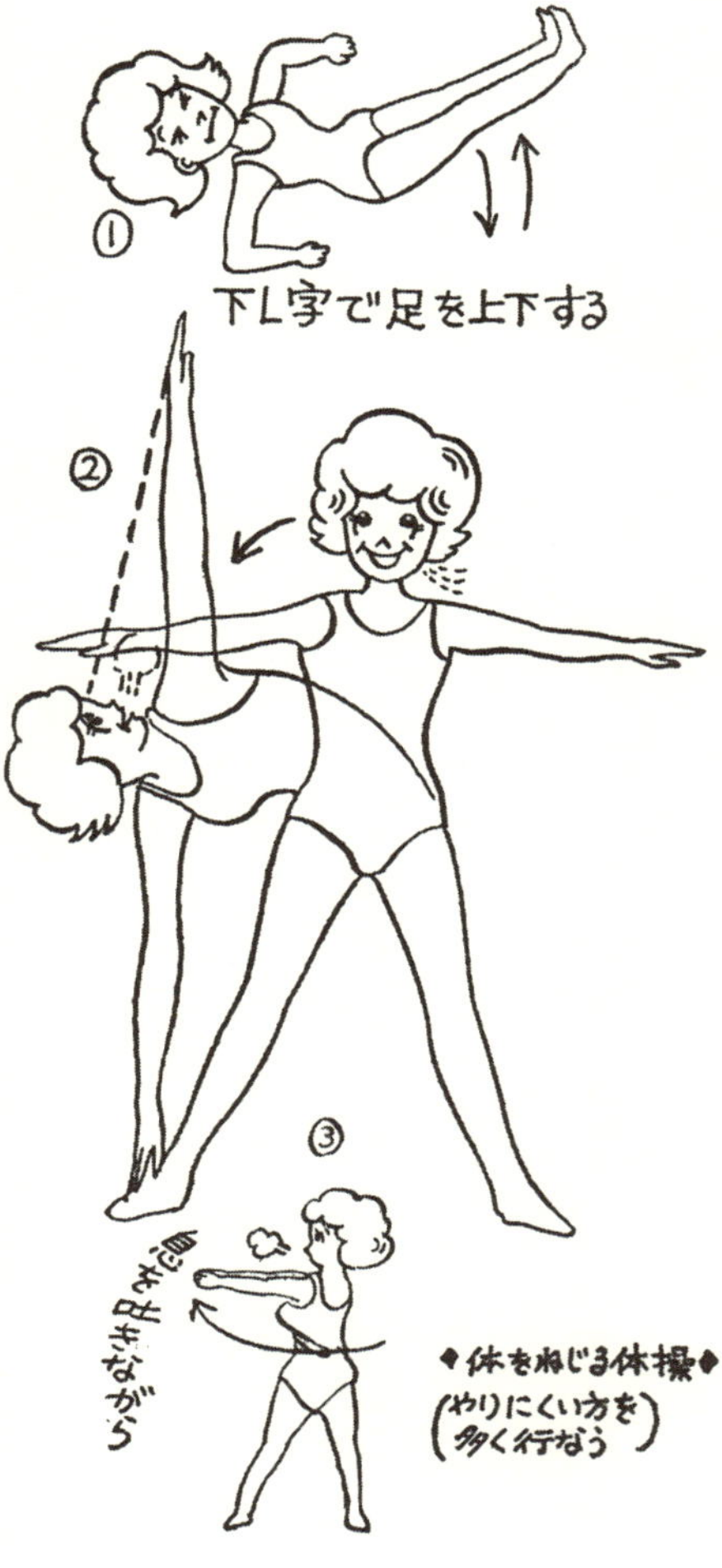

③不愉快なとき

胸の筋肉が萎縮して、背中がこって前かがみの姿勢になっていますから、胸を十分にそらせる体操をします。また胸を張って下腹に力をこもらせて、静かに深呼吸をします。

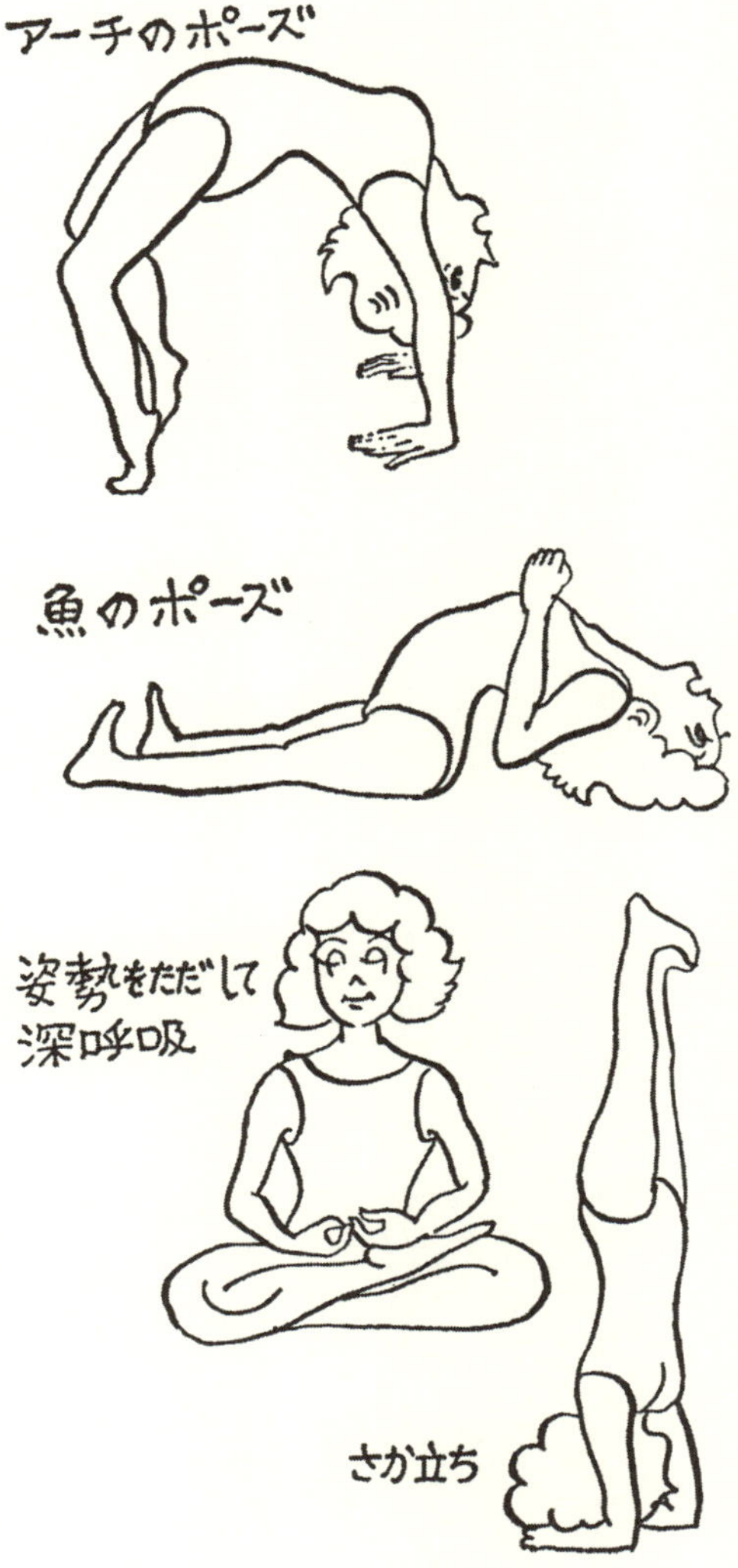

④ 落ち着かないとき

肩・首・手に力が入って、足と腰の力がぬけていますから、四股を踏んだり、うさぎとびをしたりして、下腹に力が入るようにします。また足に力をこめて、胸を十分に張り、ゆっくりと静かに長い深呼吸をします。

⑤驚いたとき

驚いたときは、足の小指に力が入って、腰の力がぬけ、肩・首には力が入っています。この驚きの状態から解放されるには、足の親指と腰に力を入れて、肩の力をぬいて深呼吸を行います。

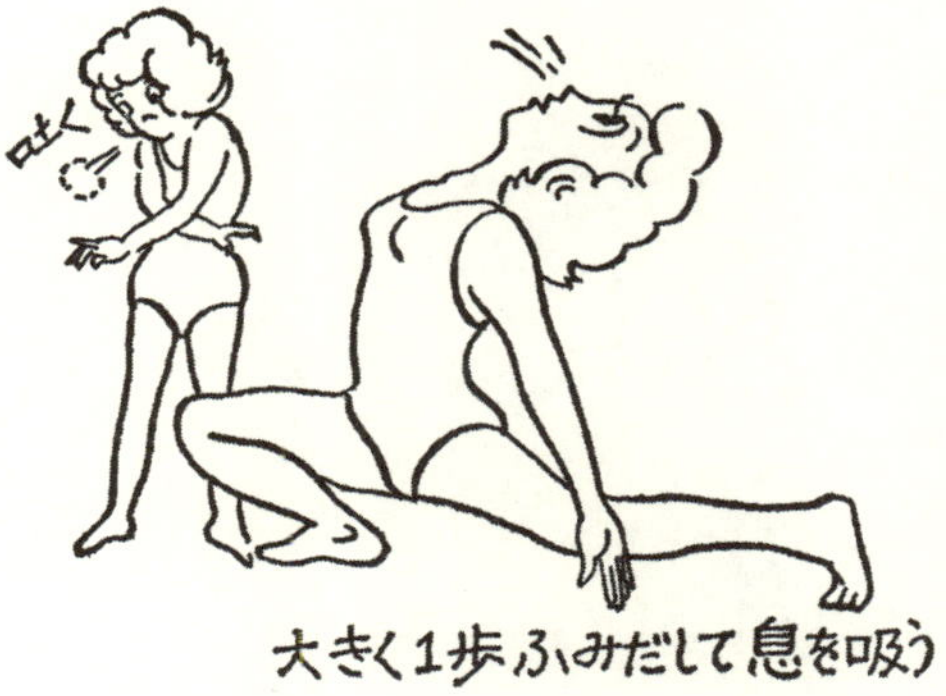
吐く
大きく1歩ふみだして息を吸う

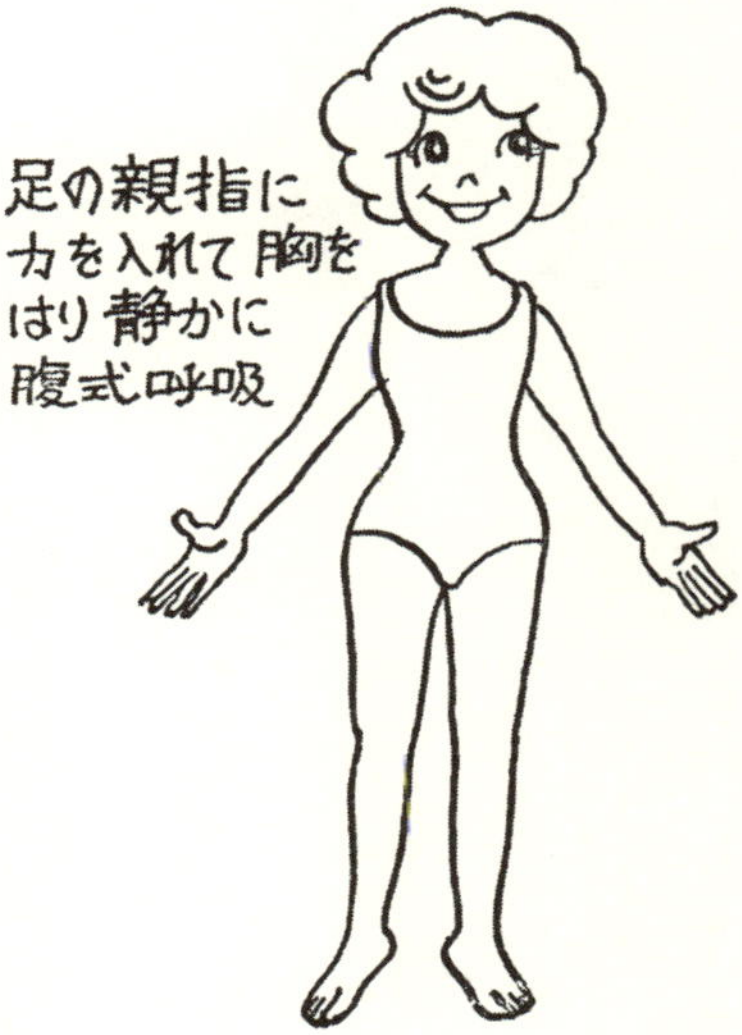
足の親指に
力を入れて胸を
はり静かに
腹式呼吸

⑥元気の出ないとき

腰がかたくなっていて、首の力がなくアゴが出ていますから、胸を張ってアゴを引き、背中を伸ばして力のこもった呼吸をくり返すか、しばらく吸った息を止めて（クンバク）、気合をかけるように一度に吐き出します。

①

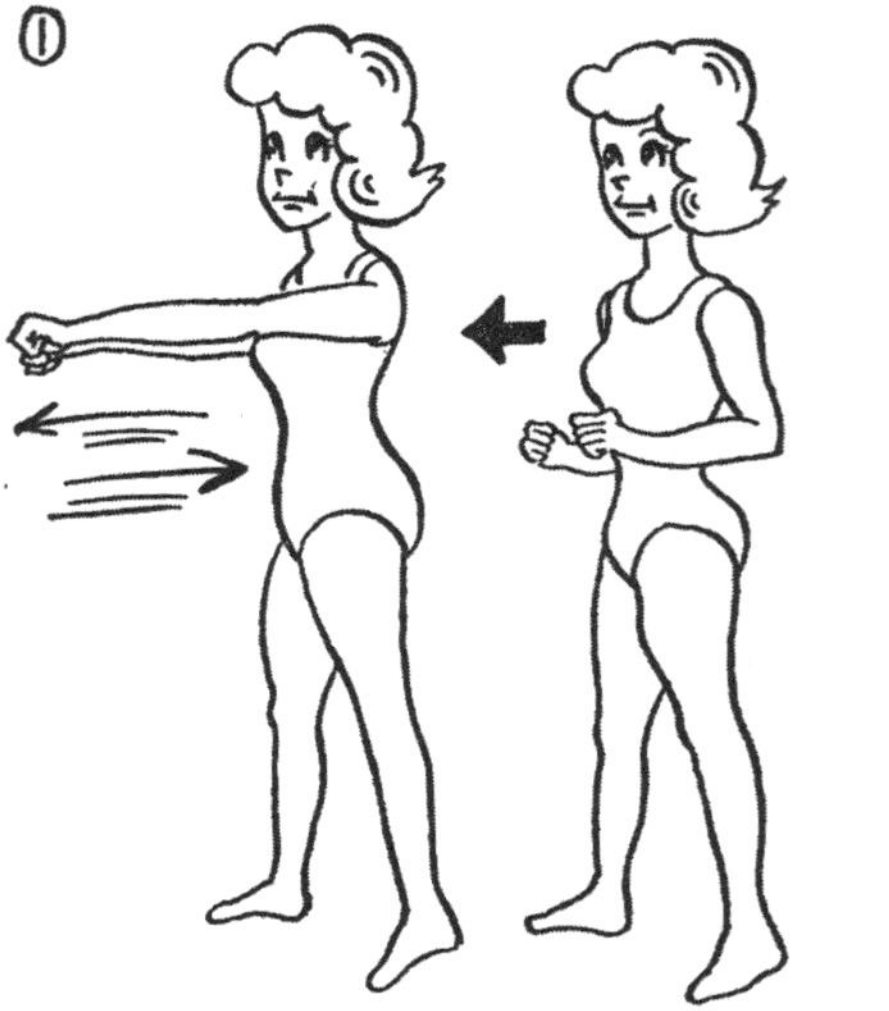

胸をはってあごをひきゲンコツをにぎって
強く息を吐き出しながら　すばやく前後
にゲンコツを突き出す

②

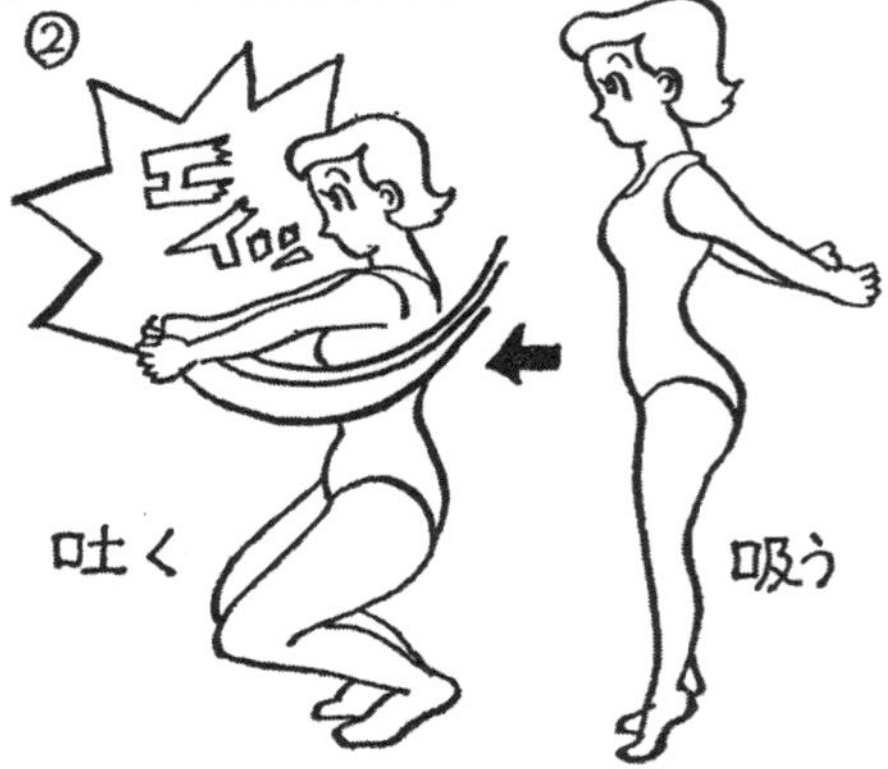

⑦ヒステリーの起きたとき

骨盤がしまったきりになっていますから、ヒザと胸を外に開く体操をします。

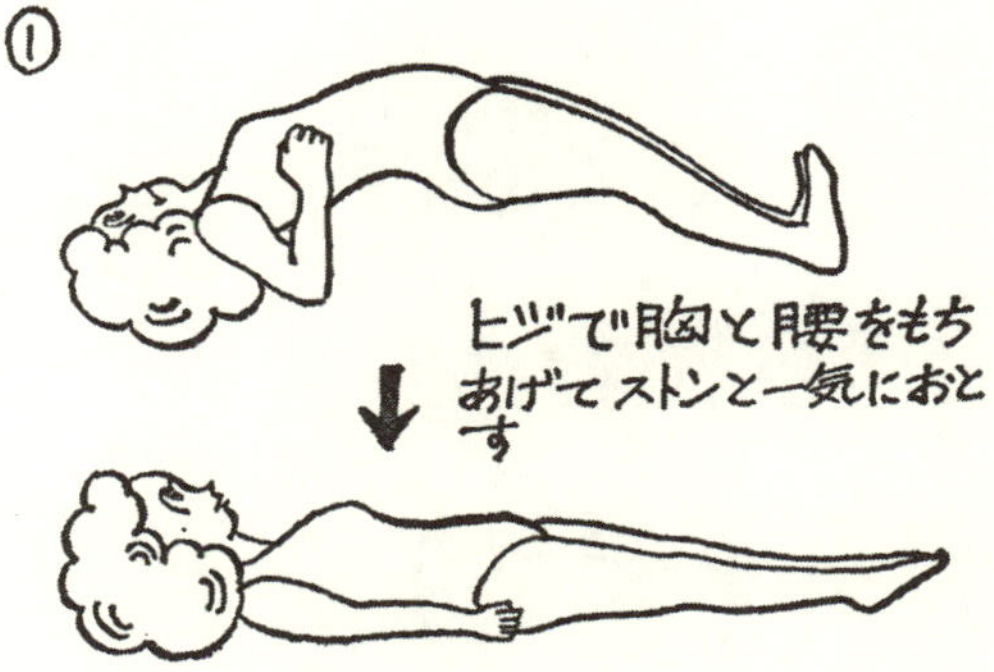

ヒジで胸と腰をもちあげてストンと一気におとす

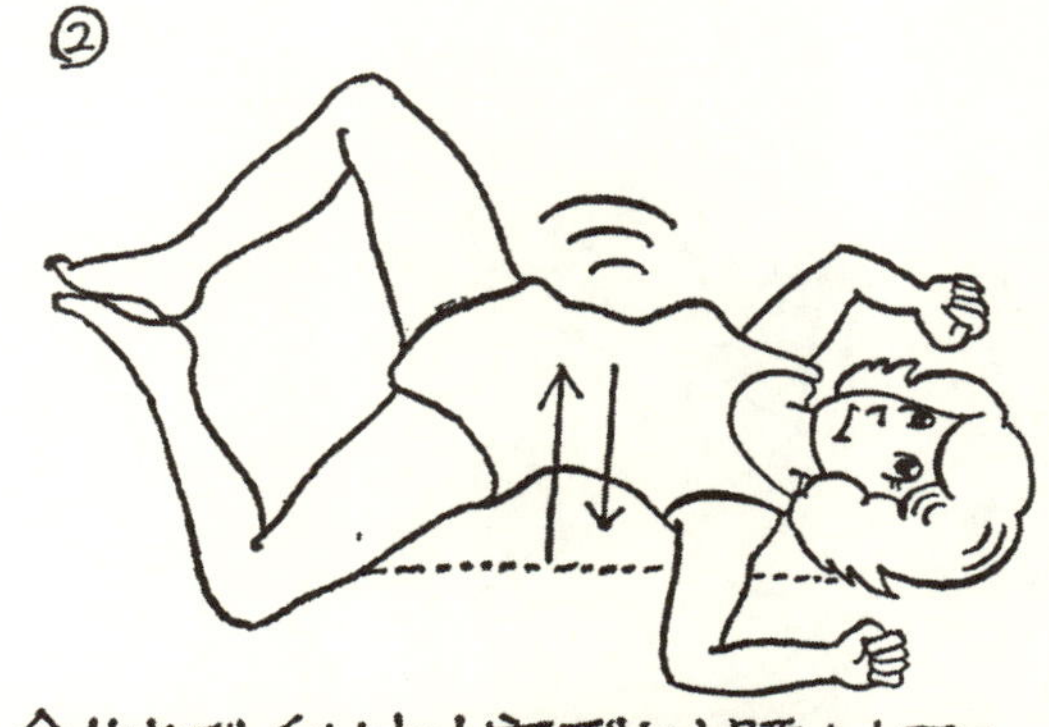
合せきで手は上ム字型にし腰を上下にふる

⑧ あがったとき

肩・首の力をぬいてヒザの屈伸をし、足と腰に力を入れ、強く息を出します。

⑨ 雑念妄想がおこるとき

首がかたくなっていますから、さか立ちをして肩をやわらげます。

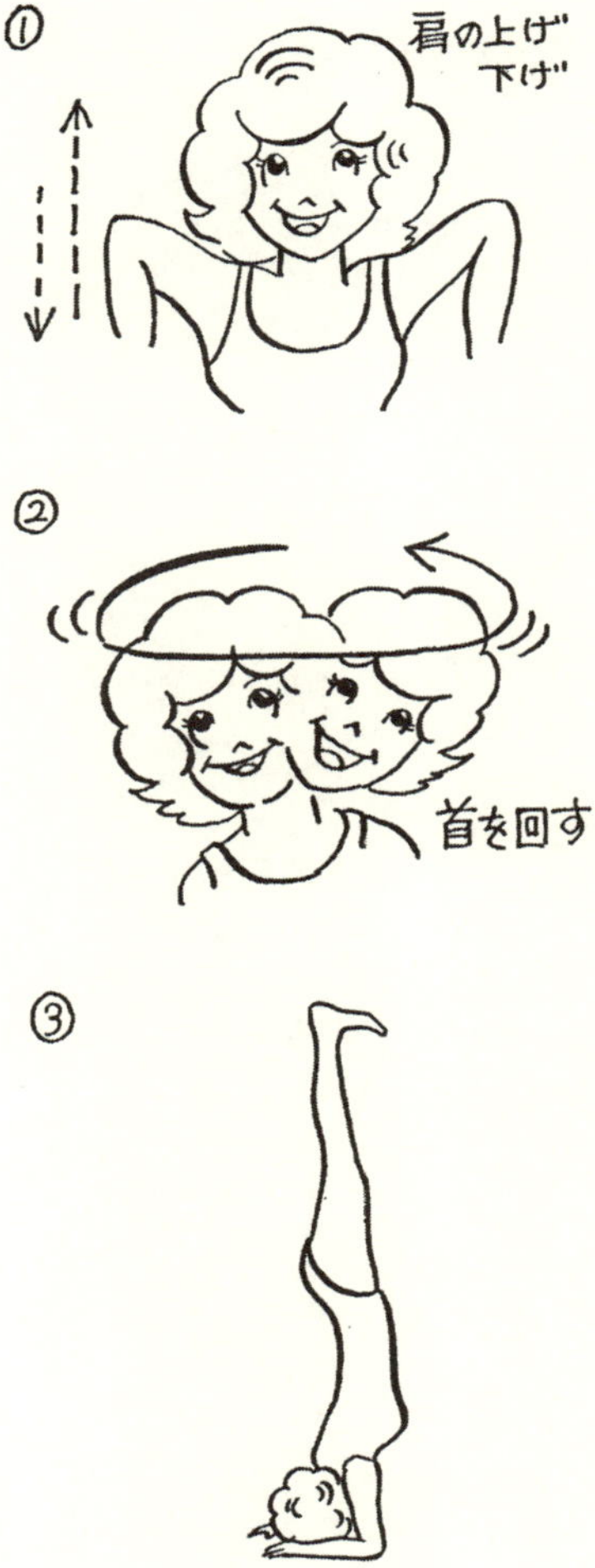

⑩ 決断がつかないとき

大声で笑い、足と腰に力を入れます。名案もうかんで決断がつきます。

⑪何もする気がしないとき

アキレス腱が縮んでいますから、アゴを引いて胸を張って、足のウラの筋肉を伸ばします。また、足と腰に力を込めて、手をねじりながら深呼吸をします。

足を一歩大きくつき出し
うしろの足のアキレス腱
を伸ばしながら手は腰
にあて息を吸う 息を吐
いて、もとにもどり 反対
の足を出す

手を内にねじり息を吐き 吸いながら外
に手を強くねじる

⑫ 困ったとき

(A) 物を買いすぎたり、やたらに食べてしまうとき。
(B) ネチネチしつこくなっているとき。
(C) うろうろして仕事や勉強が手につかないとき。

こうしたときは、(A)は抑圧エネルギーをその方面で消耗していること、(B)(C)は、残留エネルギーが多すぎることですから、仕事や、スポーツの方面で、思いきってエネルギーを使いましょう。

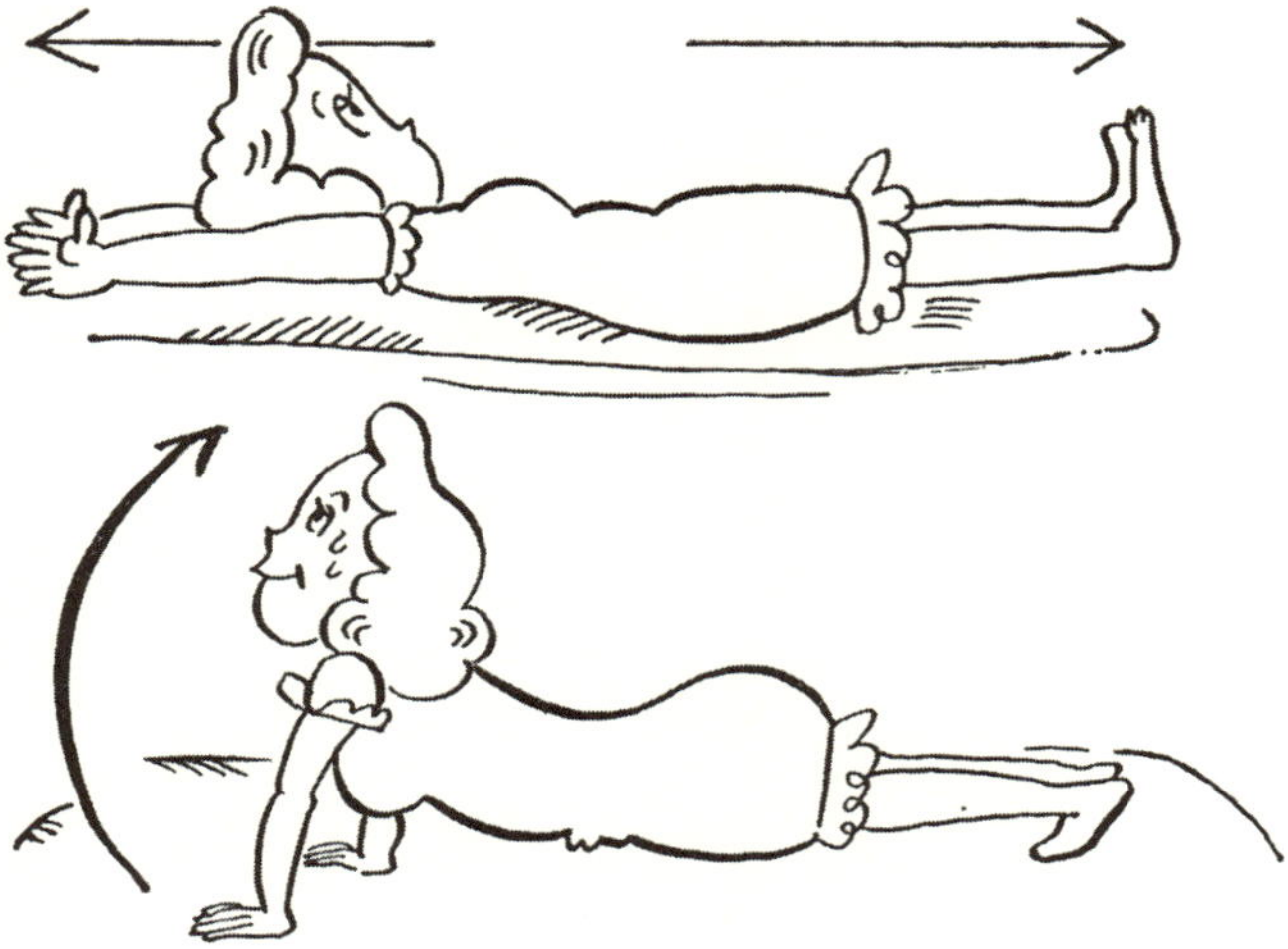

2　ヨガを生活に

ヨガというと難しそうですが、その理論を生活の中に簡単な体操にして応用できます。家庭や職場で思いついたときにやって、美しい体をつくってください。

①朝、ふとんの中で

寝ざめのすっきりしない人は、まず体を思いきり、ふとんの中で縮めて下さい。次に、アキレス腱を伸ばしながら、全身伸びをします。

血行がよくなったところで、うつぶせになり、手をついて、息を吐きながら、背中をそらしてください。姿勢をよくし、きれいな背筋を作ります。

②朝、ふとんを離れたら

朝は睡眠中の浅い呼吸の仕方が残っているので声も不安定で弱々しくしか出ないものです。こんなとき「オームの呼吸」をやってみます。声が安定するだけでなく、心の落ちつきを増し、生命力を充実させる働きがあります。

まず正座をして、両手は、親指と人さし指で丸をつくり、他の指は伸ばしたまま、手の甲をもものつけねの上に置きます。背すじを伸ばして胸を張り、アゴを引きます。肩の力はぬき、眼は閉じます。この姿勢で、ゆっくり息を吸い、吐く時には腹の底から長く「オー」半分くらい息を出したあたりで、口を閉じて「ムー」と鼻から息をぬきながら発声します。五分くらい行って下さい。頭もすっきりしてやる気がわいてきます。

③ 洗顔の時に

朝の洗顔時も有効に使いましょう。

歯をみがきながら片足立ちをします。人間にはきき足があって、どちらかの足に特に体重をかけて立とうとしますが、疲れた時を利用して必ず足を変えるようにして下さい。精神の集中に役立ちますし、足の線をきれいにします。

顔を洗ったあとは、指先や、こぶしの第一関節や第二関節で顔をたたきます。血行をよくするので、顔のつやがよくなりお化粧のりもよくなります。

また新陳代謝がさかんになるので、にきび肌の人は、一時的ににきびが多くなるかもしれませんが、それは悪いものが全部出てくるためで、そのあとはきれいになっていきます。

④鏡の前で

顔のつくりは整っていても、冷たい表情の人、表情の乏しい人は決して魅力的とはいえません。鏡の前に座ったとき、顔の運動をしましょう。

最初は顔の前でこぶしをつくり、上体もまるめ、顔は思いきりしかめます。次に手を開いて横に持っていきながらにっこり笑顔を作ります。このとき胸を張り、息を吐いてください。

腹がたっているとき、悲しいとき、イライラしているとき、鏡にうつる顔は、お世辞にも魅力的とはいえません。意識的に笑顔をつくりましょう。わざとでも笑うと、笑筋が発達して、表情に豊かさが出てくるのです。

⑤ そうじのあとで

そうじやせんたく、台所のあとかたづけが終わったとき、ホッとすると同時に体をウーンと伸ばしたくなります。これは体の自然の要求なのです。

ここでは、その自然の要求に、腕をきれいにし、バストアップの効果がある運動を加えます。

正座して、手を上に伸ばして組みます。手の平を返して、息を吐きながら、腰や、脇腹を伸ばすようなつもりで、ウーンと伸びます。さらに、今度は息を吐きながら左右に体を曲げていきます。

このときも、腕をぐっと伸ばしながら行って下さい。

すっきりしたところで、次の仕事に移ります。

⑥ 早朝マラソンのときに

朝のマラソンは爽快ですが、三日坊主では何にもなりません。

長続きさせる方法としては、自分の能力やその日の体調などに合わせて、距離やペースを考えて走ることです。走るときは胸を張り、肩を下げ、腰から上を動かさないようにします。

呼吸法としては、「吐く、吐く、吸う、吸う」の二拍子でリズムをとります。

以上のことをふまえて、特にやせたいところに合わせて、いろいろな応用を入れます。

①足首を細くしたい人は、つま先だけで走る。
②腕をしなやかにしたい人は、手を上下左右に伸ばしたり、回したり、振ったりしながら走る。
③骨盤のゆるんでいる人は足を交差しながら走る。
④ウエストを細くしたい人は、腰をねじりながら走る。
⑤足の線をきれいにしたい人は、後ろ向きに走る。
このほかにもいろいろあると思いますが、自分で工夫しながら、楽しく行ってください。

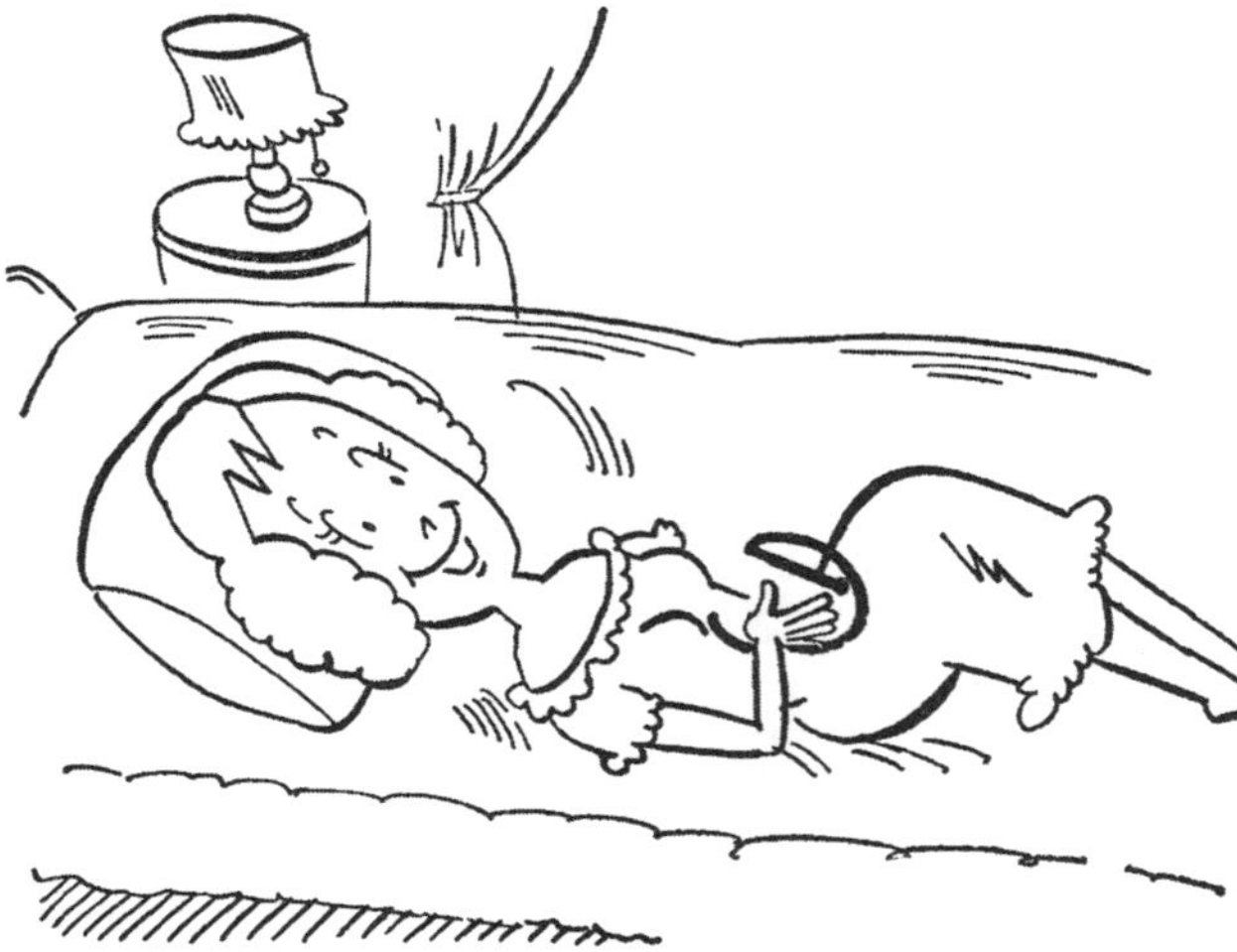

⑦トイレに行く前に

一日の始まりの朝の体調こそ健康のバロメーター。目覚めたとき、なんとなく、体が重くてだるい、そしてタメ息ついて起き上がる、というようなことはありませんか。

体が重く感じる原因にはいろいろありますが、排便がきちんとしていないことと、不完全睡眠によるねむりすぎが大きな理由です。爽やかな朝を迎えるために、ほんの一分間、ふとんの中で排便促進の体操をしましょう。

あおむけのままヒザを立て手をおなかにあてて下さい。息をゆっくり吐きながら、その手で「の」の字にマッサージ。これをくり返すだけでいいのです。

⑧ 食事中の座り方

食事をしているとき、座り方の工夫ひとつでも体を変えることができます。

たたみの上で食事をする家であったなら、わり座（正座からお尻を足と足の間におとした状態）で座って食事をとりましょう。骨盤をしめる働きがあるので、骨盤のゆるんでいる人はやってみましょう。

いすの場合は、ヒザの内側に力を入れて開いたり閉じたりしましょう。腹筋力をたかめ骨盤の開閉力がやしなわれ、ヒップをひきしめ、便秘や、安産などにも有効です。

また食卓をふくとき、きき手ではない方の手を使うと、脳をリフレッシュさせ、きき手の疲れをはやくとります。

⑨電車を待つとき

電車が来ないで、駅のホームでからっ風にさらされて、全身がひえてしまっているとき、肩に力が入って猫背になり、肩がこってしまいます。

そんなとき、呼吸を深くして、息を吐きながら手はげんこつで地面に向かって内外にねじりながら伸ばしパッとゆるめます。（げんこつは親指を中に握りしめ手首もねじります）

寒いときも、背中がすっきりとして、見ていても美しい体の線となります。

また、手首をねじることによって眼の関連部位が刺激され、手、肩、首のこりを取りのぞき、気持ちをすっきりさせることができます。

⑩ 通勤電車の中で

ハンドバックなどをいつも右肩に下げている人や、右ききの人はどうしても右肩が上がり、体の左右がアンバランスになっています。右肩が上がっていると常に胃を刺激し、肥満の要因になります。左肩が上がっていると心臓を悪くする原因になります。

そこで電車のつり皮を利用して均整のとれた体にしましょう。つり皮には五分おきに左右交互につかまるようにし、特に下がっている方の手でつり皮を強く引っぱるようにします。

どちらの肩が下がっているかは、他の人に指摘してもらうか、目をつぶって鏡の前にまっすぐに立ち、次に目を開いて結果をみます。

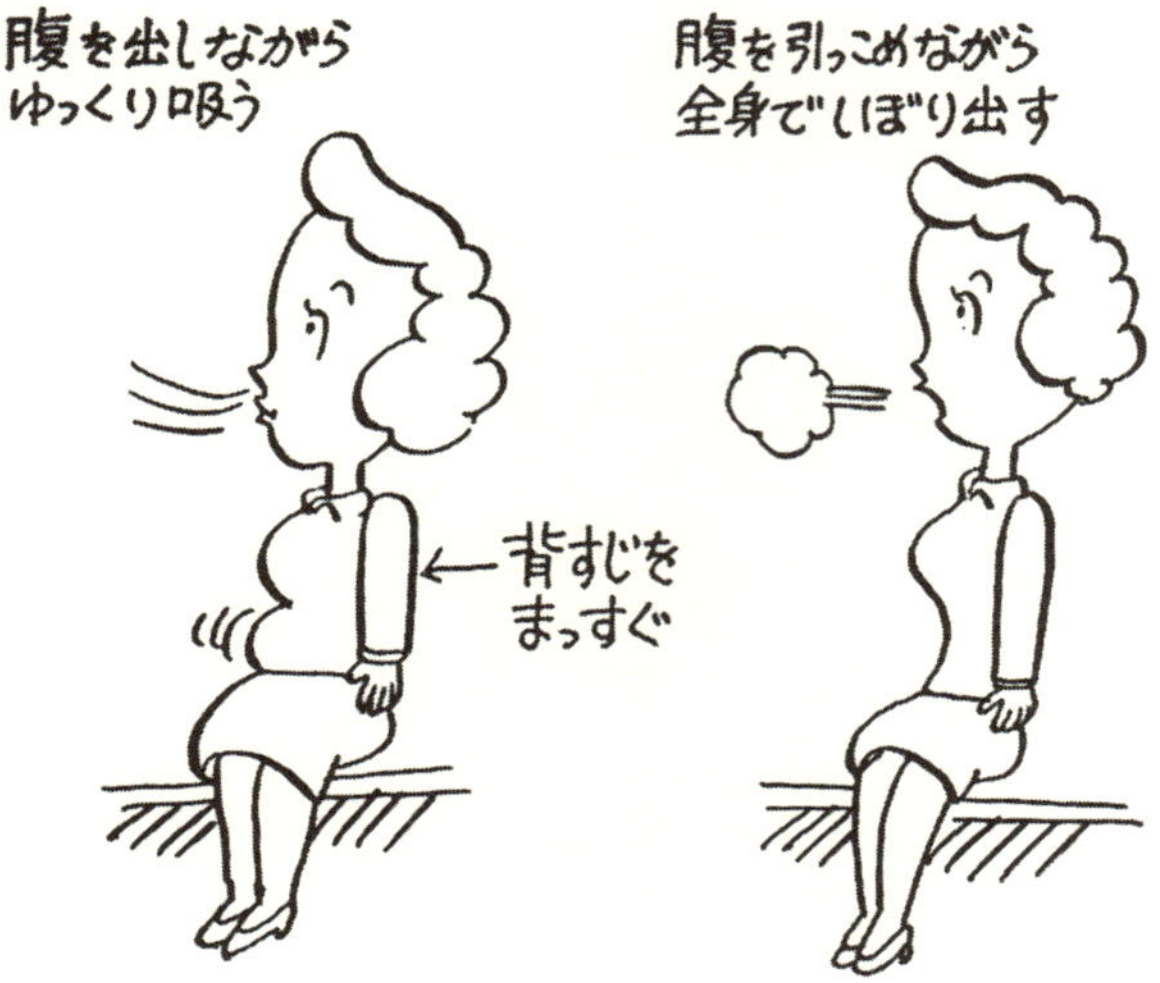

⑪ 電車の中の爽快呼吸法

直立、または背すじをまっすぐにして座って行います。息の吸い方は腹を出しながら新鮮な酸素を体にいっぱいとり入れるつもりでゆっくり吸い、息をためます。この時、たまった空気を下腹部に押しこむようにし、下半身に力を入れます。

吐き方は、腹を引っこめながら、息を全身でゆっくりとしぼり出します。ポイントは体中の老廃物を全部吐息と一緒に吐き出していくつもりで、吐くことです。

呼吸法を行うことで酸素の補給を促進して血行をよくし、血をきれいにします。神経を覚醒させるために、朝の電車の中で行えば、その日の仕事への意欲もわいてきます。

⑫ 仕事でミスをしないために

仕事中や勉強中など自分では一生懸命やっているつもりでいつのまにかペースが落ち、ミスが多くなっている、などということは誰でも経験があると思います。

人間の頭というのは、そう長く緊張を保ってはいられません。リラックスして気分転換を図ることは非常に大切なことです。それがまた次のアイデアや新たな創造を生むのです。

頭の横をにぎりこぶしでぐっとおさえて下さい。これは頭がい骨をしめることによって頭の血行をよくし気分をすっきりさせる効果があります。次に後頭部、前頭部、などと順におさえていって下さい。頭は前よりずっとすっきりしているはずです

⑬ 机にむかいながら

学校やオフィスで、疲れてくると姿勢はだんだん前かがみになってきているはずです。

いすに座りながらできる体操はたくさんあります。

まず浅く腰かけ、胸を張りながら、息を強く吐きます。(A)

次にその状態から、首のうしろで手を組み、背中をそらしながら、アゴをあげて、首をできるだけ後ろに曲げます。ただしこれはAの体操と違って、他人に悪い印象を与えるので休み時間に行うようにしてください。

また、足を組んで、組んだ方の足首をぐるぐるまわすと、血のめぐりをよくしますし、足首も細くします。ただ体操に夢中になって、仕事や授業をおろそかにしないように。

⑭仕事の合間に

猫背で悩んでいる方、また、どうしても、肩がかたい人がいます。

手を後ろで組んでかえし、手の上下をやってみても、肩がかたくて、運動にならないほどの人もいるでしょう。

そんな時は、タオルなどを背中の後ろでもち、下へおろし、次に上へ上げたりすると、やりやすくなります。腕と肩をほぐし、手を後ろにすることによって背骨を内側へぐっと入れることができます。

上体の体の線を美しくし、正座をしていても美しい姿勢を保ちます。

また、上体のうっ血がとれ、気分的にも落ちつきます。

⑮座り仕事の人に

一日中、ずっと座って仕事をし続けなければならない、事務関係の職場にいる人は、ついつい前かがみになってしまいます。背中が猫背になり、緊張しているのです。

そんな人は猫のポーズの変形ですが、ヒザ立ちで、手を組み、アゴに手をおいてなるべく、床に胸をつけるようにしながら、ゆっくり手を片方ずつ伸ばしていきます。背中に刺激を与え、すっきりした姿勢となり、座っていても、とても自然で美しいひとつのポーズとなります。

これは背骨を強化するとともに、胸の線も美しくします。

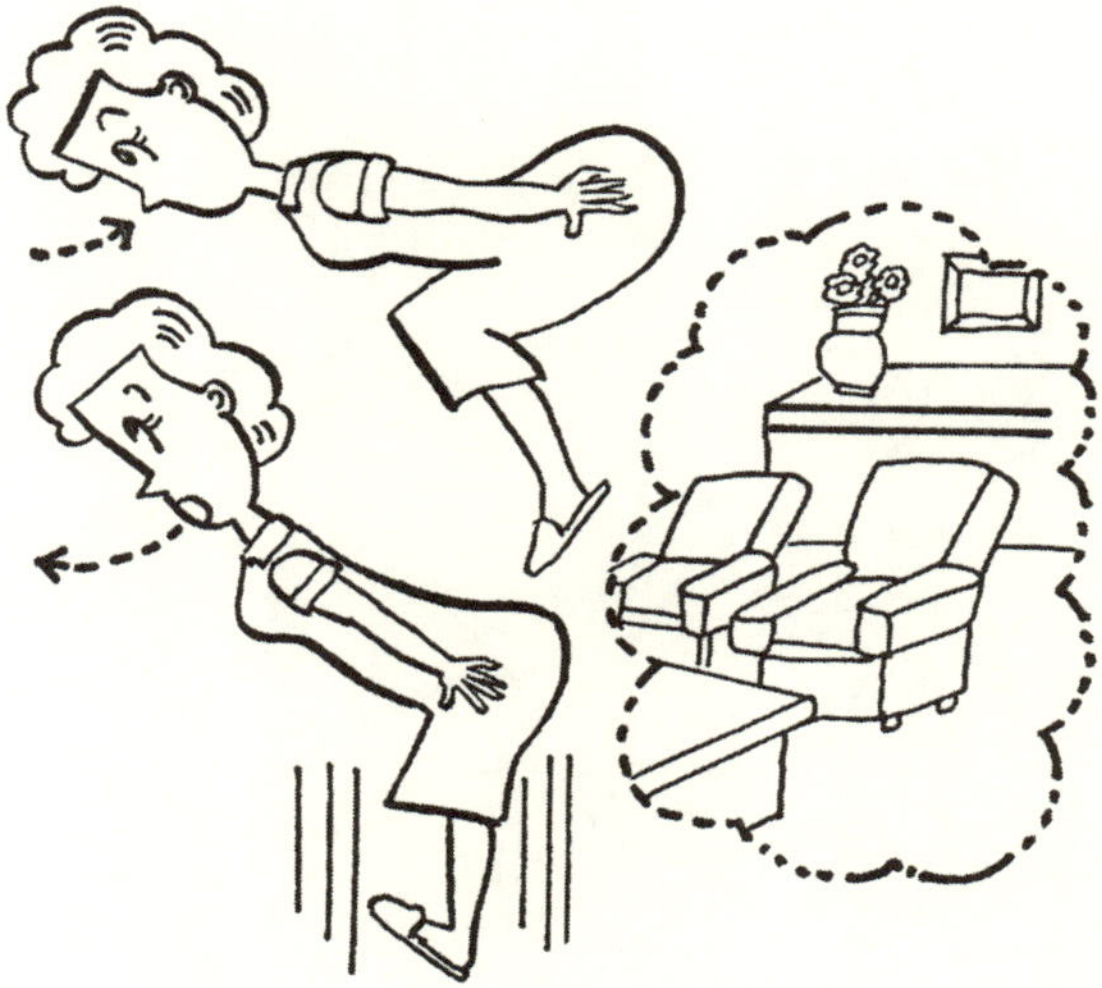

⑯休み時間に

足を細くしたいというのは多くの女性の願うところです。背をまっすぐ伸ばしてできるだけ前にかがみ、ヒザを曲げかかとをあげます。その時息は吸いこみます。次にかかとをつけアキレス腱を思いきり伸ばしながら息を吐き背を伸ばします。これを早いテンポでくり返します。オフィスの昼休みなどに十回か二十回くらい行って下さい。

欧米の女性の足が細く見えるのは足の筋肉の上る力（陰性力）が強く、日本女性の足が太いのは下る力（陽性力）が強いからです。欧米人は長足短胴型であり、日本人は短足長胴型であるからです。だから得意なスポーツもちがいます。欧米人と日本人の美型法はちがうのが正しいのです。

⑰ 眠気を感じたときの指運動

オフィスの中で睡気を感じた時、ボンヤリして意識が集中できなくなったような時は、指刺激法を行います。

手は単なる身体の部分ではなく、次のように内臓の各部分と密接に関連しています。（**親指**↓迷走神経、体液、腸や肝臓）（**人さし指**↓消化器、視神経）（**中指**↓循環器系、腸）（**薬指**↓神経系、肝臓、腎臓）（**小指**↓生殖器、泌尿器、肺、心臓、交感神経）

やり方は図のように指を一本ずつ、引っ張ったり、そらしたりして行います。また、各指の間をひろげたり、手首を前後左右に曲げ、そらせてねじります。

⑱気分がめいっているとき

気分がはっきりせず、頭の中が、ぼんやりしているとき、また、どうも頭の回転がよくないときには、ふとんの上にでもうつぶせになり、上体を腕でささえ、上体の上下をしますと、腕、手首に刺激があり、腕そのものがしまってくるだけではなく、頭がすっきりしてきます。

上体の体の線、背骨などが、しっかりし、そこからも、すべて頭の回転をはやくさせるものだといえます。

また、心の面でも、気が弱くなり、どうしようもなくだるく、消極的な気持ちになっているときは、とても気持ちを高め、やる気をおこさせるものです。

⑲ 姿勢の悪さが気になるとき

ファッションモデルがきれいに見えるのは顔の美しさやプロポーションのよさもさることながら、ピンとまっすぐに伸ばした背筋のさわやかさにあるのではないでしょうか。

女性の靴のヒールは最近とみに高くなりましたがこうしたことも前かがみになる原因です。歩いていてふと猫背になってるなと気づいたら次の体操を行って下さい。

まず手を背中で合掌して息を吐きながら胸を前に突き出すようにして上体をそらします。できるだけそり返って下さい。これを数回くり返します。

この体操は背中を美しくみせるだけでなく胸を豊かにし、形を整えます。

⑳ 首や肩がこったとき

日常生活の中で無意識だけでなく、意識的に、体の要求に合わせて軽い運動を加えて行うとより効果的です。

デスクワークの合間、家事の合間などにちょっと肩、首がこったな、と思ったら伸びをするのと同じような気持ちで腕を大きく回してほぐしてあげましょう。

両手の親指を内にして軽く握りこぶしを作り、片腕ずつまたは両腕一緒に握りこぶしで円を描くようにして肩のつけ根から大きく腕を回します。前回し十回、後回し十回ほど、一回転ずつハァーッと息を吐きながら行います。肩、首、肩甲骨の周囲の血行が促され目の疲れをいやし、こりがほぐれて頭もすっきりします。

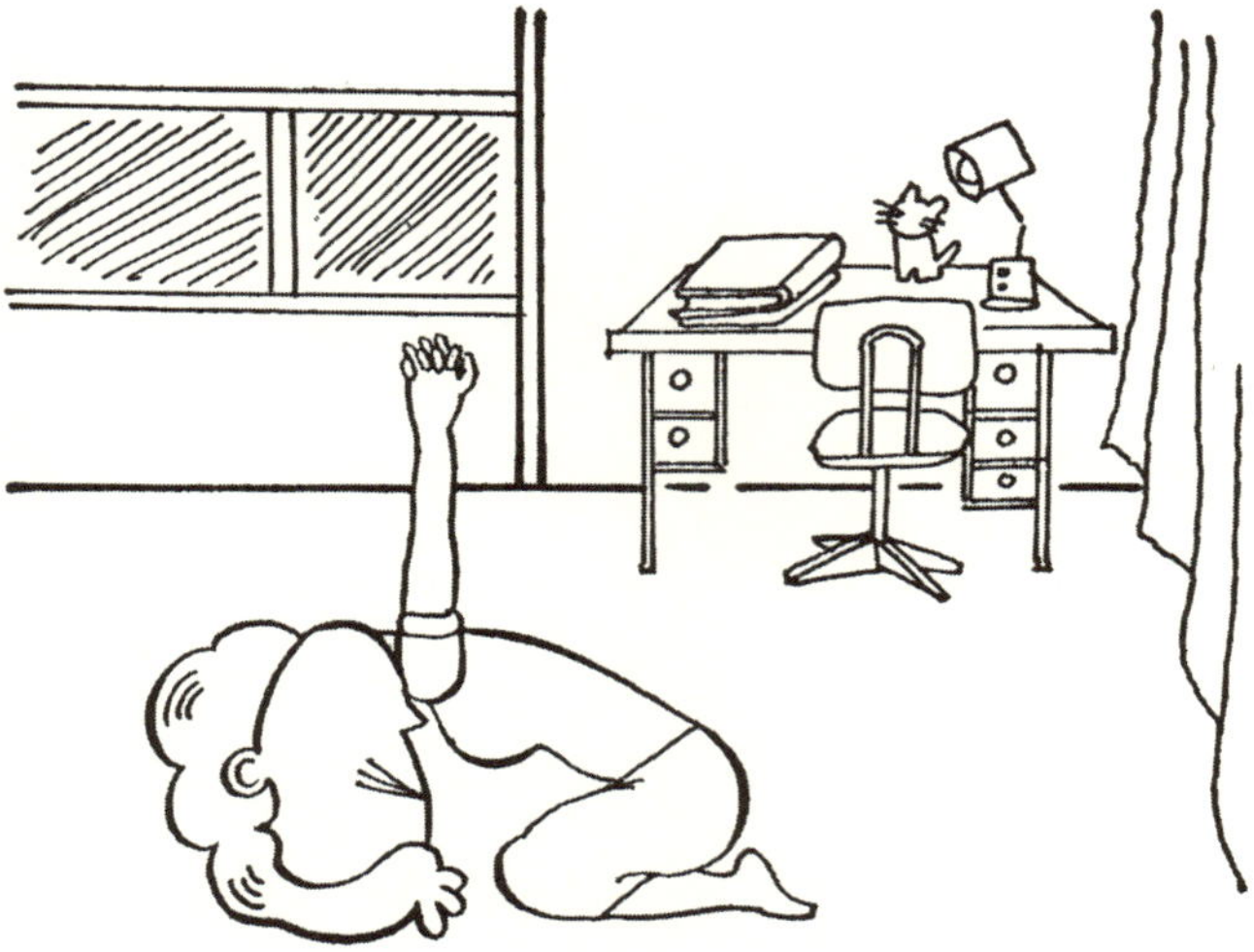

㉑ 目が疲れたとき

難しい本を読んでいると、目が疲れてきたり、肩がこってきたりします。こんなとき、そのまま読み続けていても、頭には入ってこないでしょう。目の疲れをとり、肩こりにも効き、同時に肩の線がきれいになる体操をしましょう。

正座をして、手は後ろで組みます。息を吐きながら上体を倒し目をだんだん強くつむり、手をぐっと上に伸ばします。

疲れがとれたところで、また、読書に戻りましょう。理解力がぐっと高まります。

勉強で疲れたときも、この体操で、疲れをとりましょう。

㉒町を歩くとき

町を歩くとき、胸を張って歩きましょう。歌のひとつも口ずさみたくなってきます。胸を張ってみると不自然な感じがするかもしれません。それは体が長い間の前屈生活に慣れきっているからです。

この体操は前屈姿勢を治します。イスの上に上向きに寝ます。そのとき息を吐き、体全体の力をぬき、イスに体をまかせます。しばらくこの状態を続けます。

普段使わない背中の筋肉、萎縮している内臓筋を伸ばします。これを続けることにより、内臓の疲れをとり血行がよくなり、前屈姿勢も改善され、体の疲れもとれてリラックスします。

㉓ 歩き方を工夫する

おもしろいもので歩き方を見ていると、その人の精神状態がわかります。逆に考えれば歩き方を変えることによって、悪い精神状態をよくすることもできるのです。

たとえば、友だちとけんかをしたり、うまくいかないことがあったり、ゆううつなとき、胸をすぼめてトボトボと歩いているでしょう。こんなときは意識的に胸を張り、大またで歩いてみましょう。

また、セカセカしているときには、わざとゆったりした呼吸で、ゆっくり歩きましょう。忙しいときにはセカセカしていても、仕事はすすみません。

明るく、のびのびした歩き方のほうが、魅力的に思えるのはいうまでもありません。

㉔後ろ向きに歩いてみる

足の裏で地面をするようにして後ろに歩きます。こんな歩き方をすると、アキレス腱は伸び、胸を張りますので、姿勢がたいへんよくなります。また、普段と異なった筋肉を使いますので、足も疲労しにくくなります。

日頃、ヒザや足の親指に力が入らないなと思う人は、後ろ向きで坂を昇ると効果的です。

よく後ろ向きで走る競争が運動会であったりして、みんな斜め下から行先をのぞきながら走りますが、この場合、速さを競うものでなく、姿勢をよくするためのものですので、ゆっくり姿勢を伸ばして行ってください。

㉕友だちを待つとき

電車やバスや人を待つのは、なかなか手持ちぶさたなものです。しかし忙しい毎日で、その空白の時間を無駄にする必要はありません。あまり派手な運動も人目が気になったりで、できないでしょうが、こんな体操なら気軽にできます。

足は軽く肩幅ぐらいに開きます。手は腰に当て、息を吐きながら腰をぐるぐる円をかいたり8の字にまわします。

これは、腰のまわりについているぜい肉をとります。また腰痛にも効き、腰がやわらかくなるので、動きやすくなります。またころんだり何かにぶつかりそうになったとき、すみやかに対応できます。

㉖外から帰ったときに

外から疲れて帰ったとき、ぐったりとしてしまって体操なんて面倒だ、と思ってしまいますが、これこそ体がなまる危険サインです。

ほんの五分間で、足の負担をとり除き、キュッとひきしまった細い足首をつくり、足の線をスラリと美しくする体操を説明しましょう。

家のしきいなど、段差のあるところにつま先立ちします。このつま先に全体重をかけ、体をあげおろしします。もちあげるときに息を吸いこみ、降ろすときにはゆっくり吐き出します。毎日三十回なら三十回と少しずつでも続けて、だんだん自分の訓練能力を伸ばすよう実行して下さい。

具合の悪いときには手加減して行ってもよいです。

㉗帰宅後一息ついて

美しいバストと、ぜい肉のない背中、引きしまったヒップ、という流れるような体をつくるには、ヨガの弓のポーズを応用した体操が有効です。

まずうつぶせになり、両手で右足のできるだけ上の方を持ちます。息をゆっくり吐き出しながら上体と右足を上げ、アゴを強く押し上げます。息を吐ききると同時に、そのままの姿勢で力をぬきます。左足も行います。

帰宅後、ベッドの上や、畳の上でパジャマなど運動しやすい服装で、他の体操と関連させながら行います。

㉘空腹のときに

おなかがへったとき、食事の準備ももどかしく、まわりにあるものを何でもつまんでしまいます。こんな時は、次の体操をして、空腹をおさえてから、正しい食事の準備をしましょう。

空腹のときは右肩をあげて呼吸をしていますから、右肩を下げ、息を吐きながら左肩を数回強くあげるようにします。そのあと手を上に伸ばして、体をうしろにそらせます。

食事の途中でも、食べすぎかなと思ったらこの体操をしてみましょう。過食癖がある人は生活の中で意識的にこの体操をしてみましょう。ケーキが食べたくなったときにも有効です。

㉙料理の合間に

台所に立って食事の用意をする時、煮物などを待つ間、ふと手持ちぶさたになることはありませんか。お料理もできる、体も動かせるという一石二鳥の時間の使い方にうってつけの体操をお教えしましょう。

足先を六十度くらいに開き、親指と残りの四本の指を交互にもちあげます。四指をあげる時には息を吸い、親指をあげる時には吐き出します。これは骨盤の開閉力を高める運動です。太りすぎを矯正し、足の外側の筋肉をひきしめ、ふくらはぎをほっそりと女らしくします。

ほんのちょっとした立ち時間、待ち合わせの時間や電車にゆられている間など、どこでも手軽にできる体操です。

㉚テレビをみながら

人間の体は動かさないと、こるのです。

テレビを見ながら疲れないように正座をして、手は後頭部で組みます。ひじを張って、胸を張り、息を吐きながらお尻を左右におとします。上体はお尻をおとした反対側に伸ばします。これは左右五回ずつやり、やりにくい方をさらに五回やります。よく自分で気をつけていると、ヒザをくずして座るとき、今の体操のやりやすい方で、座っています。意識的に逆に座るようにしましょう。

この体操は背骨の位置の修正により、姿勢をまっすぐにし、ウエストを細くし、下痢、便秘にも効きます。

㉛テレビのCMの時間に

テレビを見ていて、うっとおしいのはコマーシャルの時間です。最近では、楽しいコマーシャルもありますが、テレビで疲れた目もかばってやりながら、ウエストを細くする体操をしましょう。

手を体の後ろにつきます。足は腰幅より少し広めに開き、ヒザを立てます。息を吐きながら、アキレス腱をぐっと伸ばして足を左右に倒しますが、このとき、お尻をもちあげないようにします。上体は逆側にひねり、目もできるだけ逆側をみます。

少し早いテンポで「一、二、……」と声をかけながらやっているうちに、ちょうどコマーシャルの時間も終わるでしょう。

㉜電話をかけながら

電話をかけているときは、手と口はふさがっていますが、足はあいています。骨盤をしめる体操を行いましょう。

足先をできるだけ内側に向け、ヒザをつけ、そのままで屈伸運動を行います。このときかかとは決して持ち上げてはいけません。

呼吸法としてはヒザを曲げるときに吐き、伸ばすときは吸うのが原則ですので、電話で自分が話すときは、ヒザを曲げてしばらく耐える、相手が話しているときは、足を伸ばして休む、というふうにしてみたらどうでしょう。

電話中に、他にもできる体操があるでしょう。工夫してみて下さい。

㉝本を読むのにあきたら

本を読むのにあきたとき、うつぶせになってヒップアップの体操をしましょう。

現在では下着でお尻の形を整えたりするものもありますが、自然の体が一番素晴らしいものであることはいうまでもありません。

まず、手はアゴの下で組み、首を起こします。足はアキレス腱を伸ばしながら、吐く息で足を振り上げます。十回ずつ行い、やりにくい方の足をさらに十回上げましょう。

ヒップアップとともに、腎臓の血行をよくし、その機能を高めます。

腰が痛いときは、あげた足を左右に動かすと腰を刺激し、痛みをとります。腰の後ろのぜい肉もとります。

㉞お風呂あがりに

日本人のお風呂好きは有名です。お風呂の効用は血行をよくし疲れをとる、体を清潔に保つなどいろいろありますが、あまりの長風呂は体によくない場合があるといわれています。

さてお風呂あがりのさっぱりしたところで頭をすっきりさせ、頭皮に刺激を与えてうるおいのある髪を作る方法はご存知ですか。頭部全体をまんべんなくトントンと軽くにぎりこぶしでたたくとよいのです。

頭は人間の部位のうちで一番重要なところです。この後、再び勉強にとりかかるなり、明日への鋭気を養うなりして下さい。頭が疲れたときの回復法としても、役立ちます。

㉟ 一日の疲れをとる

朝も夕方も満員の通勤電車に立ち放し、昼間は会社や外出先で立ったり座ったり。人間が足を使うことは体に大変よいのですが、むくんだようになって帰ってくるのでは明日の勤めに響きます。「その日の疲れはその日のうちに」をモットーに次の体操で足の疲れをほぐすとよいでしょう。

床に横になり、右足を床から直角度まで上げます。両手でくるぶしから足のつけ根まで、洗濯物をしぼるように息を吐きながらもみおろしてきます。次に左足をあげ同様にします。これを足の疲れに応じて、数回くり返します。

お風呂に入る前に、これを行うと血行がよくなり、安らかな眠りが訪れます。

㊱ 寝床で

背骨が歪んでいると、腹や腰によけいな肉がついてきます。そのためにアンバランスな体を修正する必要が出てきます。

やり方は、あおむけに寝て両手を真横に伸ばし、両ヒザを直角に立てます。息を吸いながら腰をあげ、息を止めて腹に力をこめます。腹に力をこめたまま強く息を吐き、腰をさらにあげ、両ヒザを右へ倒していきます。両ヒザ、右腰が床につかない程度にできるだけ倒して息を吐きつづけ、しばらく耐えてみます。息を吐ききると同時にそのままの姿勢で力を抜きます。（逆も行う）

ベッドで就寝前などにやれば熟睡することができます。

㊲就寝前に

ほんの一年前までは楽に着られた洋服が、いざ今年になって着ようとすると入らなくなっていた、などということは女性にとって最も腹立たしいことではないでしょうか。

これ以上絶対に太らないために、次の体操で体をひきしめて下さい。

あおむけになり、両ヒザを立て、両手の親指をにぎりこみ、それをまっすぐ上に伸ばします。息を吐きながら上体をおこします。苦しい体操ですが、少しずつでも根気よく行えば、必ずできるようになります。就寝前の五分間を有効に使っておなかをひきしめて下さい。

㊳ 快眠をさそうために

一日の疲れをとるのは何といっても安眠です。適度な運動や食事をしてぐっすり眠ることさえできれば、人間はそうそう参るものではありません。

快眠のためには寝る前のほんのわずかな時間、体をリラックスさせる必要があります。肩の力をぬき体をクラゲのようにくねくね、ゆさゆさ息を吐きながらゆすって下さい。前後左右にぶらぶらとバランスをとりながらゆすって下さい。静かな音楽を聞きながらでも、ぜひ一度実行して下さい。最後に腕と頭の力をぬいて、一気にパッと力をぬき前屈します。吸いながら徐々に元の姿勢にもどして終わります。

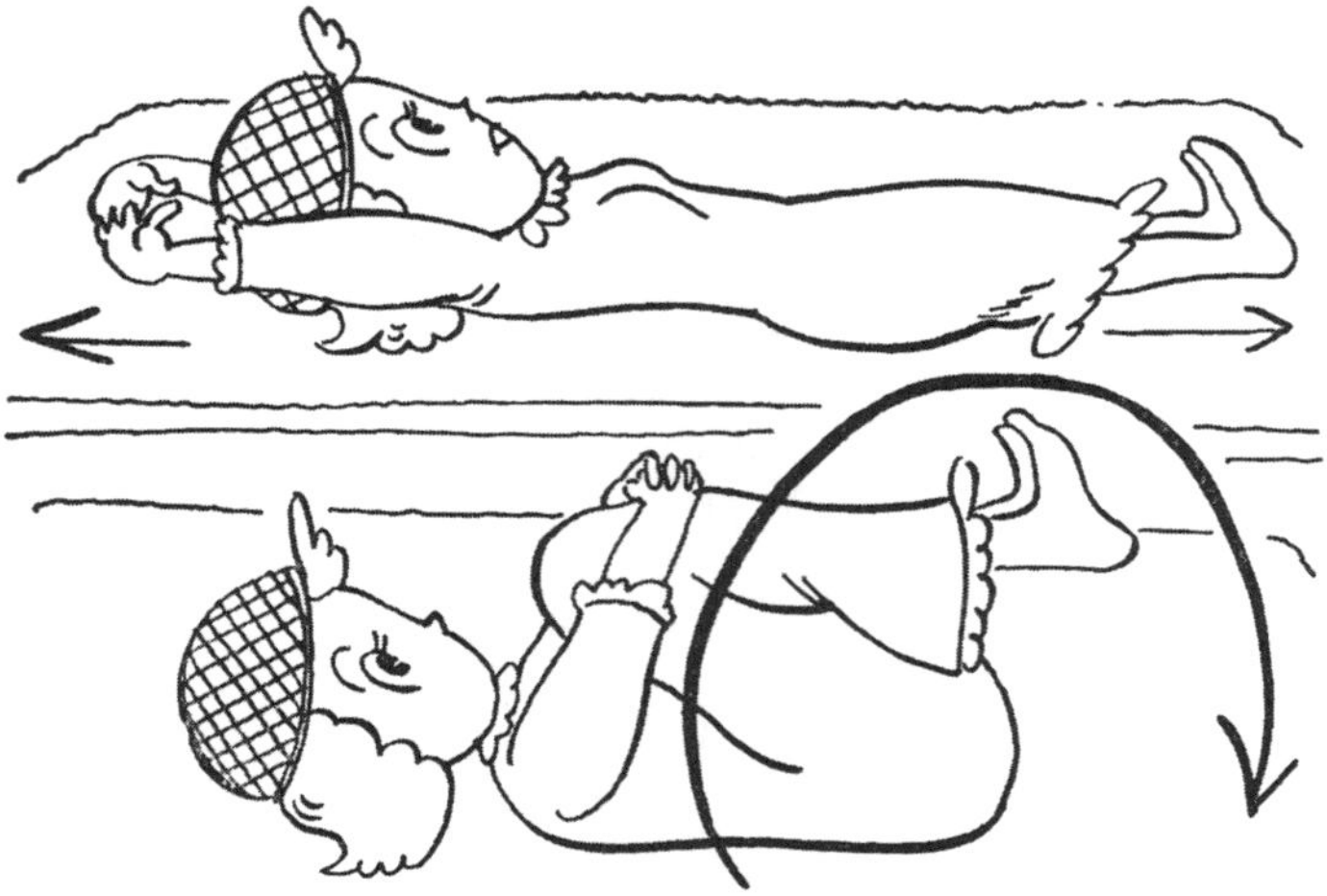

㊴熟睡するために

夜はぐっすりと熟睡し、朝はさわやかな笑顔で一日を始めたいものです。毎日学校で、仕事で、家庭で、忙しい日々を暮らしている人に、熟睡体操を紹介いたします。

ひどく疲れた夜など、フトンを敷いて、はじめに、あおむけになり、両手を逆組みにして、おもいきり背伸びをしましょう。次に両ヒザを曲げ、胸にピッタリとつけるようにし、ヒザを両手で抱きかかえ、息を吐きながら起きあがり、息を吸って元にもどします。この体操をくり返して行うことにより、背骨の縮みを修正し、日常生活で無意識に作った体の歪み、疲労状態を取り除きます。楽しい夢でもみて、明日の朝をすっきりした気持ちでむかえましょう。

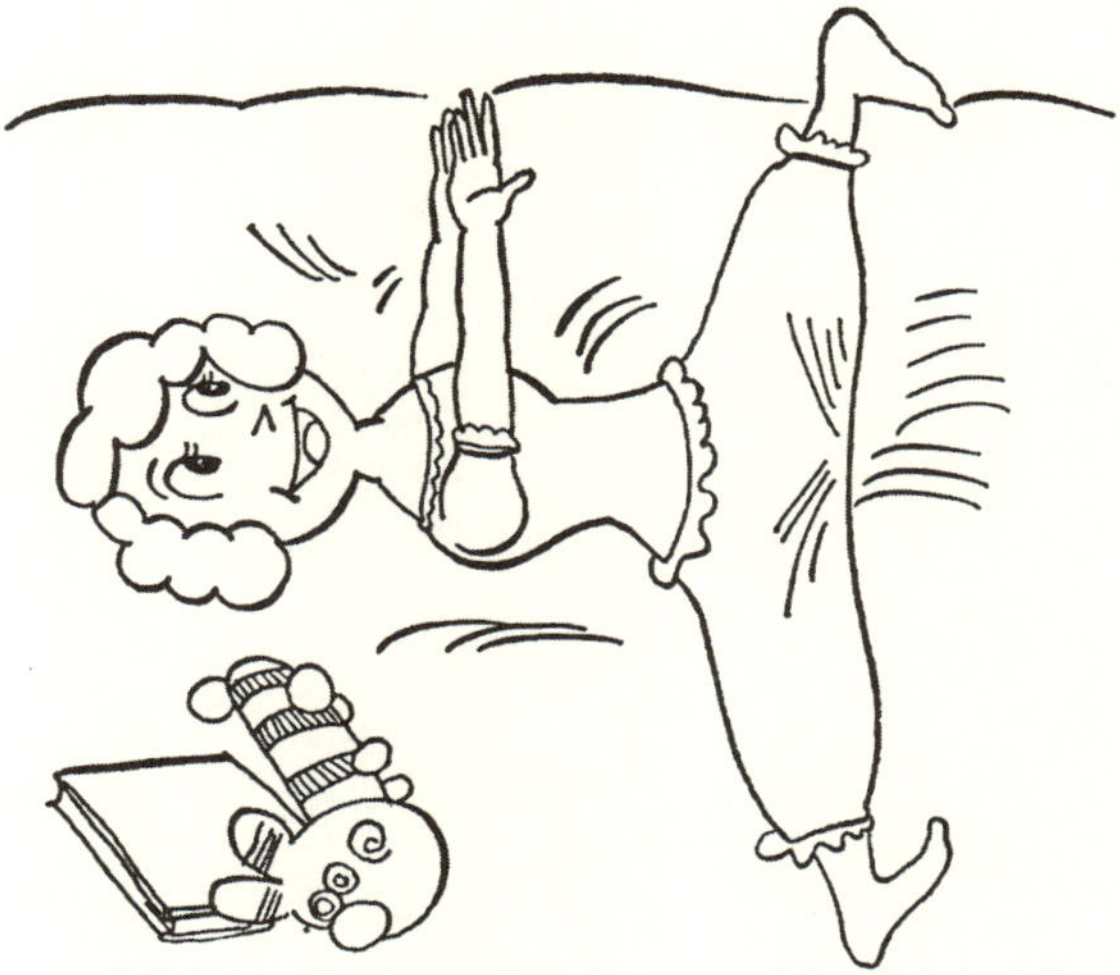

㊵ 寝つけないとき

腰部が弱いと体の全体が不安定な状態になり、体の一部に緊張部分ができて、それが肥満などの原因をつくることになります。そのため、骨盤を強化する必要がおこるわけです。

やり方は、まずあおむけに寝て、両足を大きく開き、足先を内側に倒して床につけます。次に両手は上方に伸ばし、手首を内側にねじって手の甲を合わせます。

ヒザを曲げず、肩に力がはいらないように頭を起こしながら、体が四十五度になるまで息を吸い、アゴをひき、そこで腹に力をこめしばらく息を止めて耐えます。次に息を吐きながら上体を完全に起こします。腹筋をきたえ、腹のぜい肉をとるのに役立ちます。

3章　自己診断

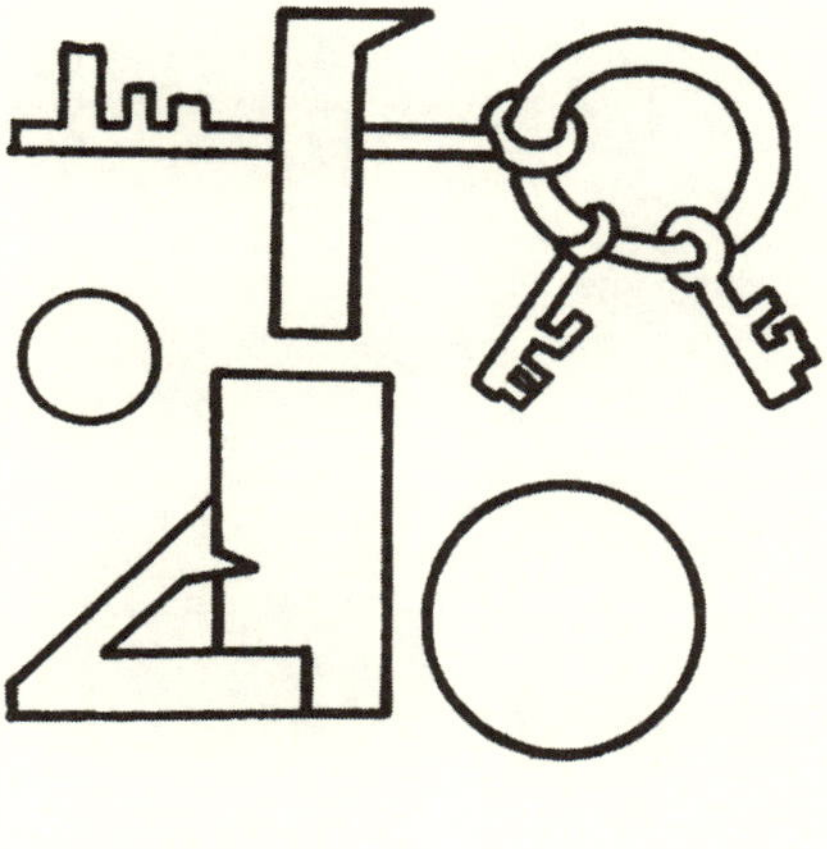

あなたは、あなた自身であることが最も美しいのです。世の中の流行にとらわれたり、不自然な生活をおくることにより、異常な状態が身につき、そのことがあなたの美しさをそこなう原因となっています。肥満や肌あれなど、女性の美しさをそこなう本当の原因を知ることがまず大切です。

そこで、あなたが、あなた自身の美しさを取り戻すためには、身についた異常を発見し、それを治す方法が必要となります。しかし自分に適した体操などを選ぶことは、個性別、症状別なので、大変難しい問題です。自分に適したものを選ぶには、自分の持っている歪みや、かたよりを知る必要があります。そこで、自分を知る「自己診断法」が必要になってくるのです。

1　生活でみる自己診断

□すぐタクシーやバスを利用してしまう

交通の便がよくなるほど、人間は歩くことを忘れてしまうようです。待っている時間の方が歩いて行くより長いようなバス停一、二区間でも、バスに乗ろうとしたり、電車の駅まで歩けば、あとは十分ぐらいで行ってしまうようなところでも、タクシーを使って一時間ぐらいかけて行ったりしてしまいます。

車の免許をとった人は、それまで歩いて行ったり、自転車をこいで行ったりしたところを車で行ったりするようになります。たいしたことではないようですが、これは運動不足を助長します。

□階段を歩くのが嫌い

デパートや大きなスーパーでは、エスカレーターや、エレベーターが完備されています。地下鉄や国鉄の駅にもエスカレーターがついていて、横の階段はすいています。まるで、せっかく便利なものがあるのに歩いては損といわんばかりです。

このようなことが、生活すべてに表れてくるのです。たとえば、お茶が飲みたくても、お茶の道具をとりにいくのが面倒だからといってがまんしたり、何かないものがあっても、よほどのことがないかぎり、買いに出るのを面倒がったりというようなことです。

こまめに動くことは女性らしさにもつながります。少しでも動いて運動不足を解消しましょう。

□単調な生活を続ける

都会の人ごみの中でくるくる動き回る人は、休みの日には、郊外へ出かけ、緑の自然に触れましょう。逆に、静かなところに住んでいる人は、ときどき、人ごみの中に出ましょう。

いつも同じ刺激しか受けていないと、かたよった生活しかできません。生活には変化刺激とバランス刺激とが必要です。

□食べたいとき、食べたいものをがまんできない

ごはんを食べてあまり時間がたっていなくても、ケーキが食べたいなと思うと買ってきて食べたり、腹八分目ぐらいでも、もう少し食べたいなと思ったら、またごはんをよそってしまうということはありませんか。

これは異常な欲望でそれをコントロールできないでいるのです。呼吸法や体操で、欲望をコントロールする方法をマスターしましょう。

□食欲がなくても、一日三回、普通に食べないと気がすまない

一日三回、一定量の食事をとらなければいけないと誰が決めたのでしょう。そんな決まりはないのです。ただそういう習慣がついているだけです。

食欲がないというのは、体が何らかの理由で、食事をするのを拒否しているのです。習慣だからといって、無理にきちんと食事をする必要はありません。自分に必要な食事の量と質は、あなたの生命が知っています。正常な食欲が出てくる自然体に自分を育てる必要があります。

□ごはんを残すことが罪悪のように思えて、満腹でも無理に食べてしまう

家で食事をしていても、ほんの一口とか二口残っているとき、満腹でもしまっておくのが面倒で食べてしまうということがよくあります。しかし、これは体にとっては大きな迷惑です。しまっておくことができなければ、心の中で深くおわびしながら捨ててしまった方がいいのです。

また、外食の場合は、ごはんは、少なくしてくださいと、あらかじめ頼むか、一緒に行った人にわけてあげましょう。

□偏食がひどくて、自分の好みのものばかり食べている

ある種の偏食癖が身につきますと、ついつい、好きなものばかり食べてしまいます。食べたものが本当にその人の体に合っている時には、それがその人の栄養になる食べ物であって、食べた後も気分がよく、呼吸が楽で、脈も整っていて、体に異常感がなく、元気が出てくるものです。偏食をやめるとか、やめないとかではなくて、自分の心の奥深くから出てくる自然の欲求を見つける事が第一です。

食べ物にいきなりとびつかないで、まず姿勢と呼吸を整えて心を静かに落着けることです。つまり心を安定させる事が必要なのです。心身が安定すると要求も正しくなります。食事のマナーの大切な理由です。そして、ゆっくりよくかんで食べましょう。よくかんで食べますと、自然と少食になってきます。少食になってくると、自分に合った食物が分かるようにもなります。

□果物をよく食べる

果物は美容食として、非常にいいもののように考えられていますが、ほとんどが十%以上の糖分を含んでいます。また果物は体を冷やし皮膚を無力化しますから食べすぎないことです。

しかしたいへん口あたりがよいため、つい食べすぎてしまいます。また野菜食中心の人は果物を

ひかえないと植物性成分過剰の害をうけます。

□太りすぎているので生野菜ばかり食べている

生野菜ばかり食べていると水ぶくれになります。特に塩をかけて食べる人は、水分を多くとりたくなるので、水ぶくれを助長します。ヨガではバランスをとることを大切にします。誤った偏食は逆効果です。

□短時間で食事をするのが得意

日本人はこまねずみのように働くことを美徳のように考えて、食事時間をゆっくりとりません。必然的によくかまずに、のみこむようにして食べてしまいます。

これは、食べすぎの原因となります。よくかんでゆっくり食べる習慣をつけましょう。

2　体でみる自己診断

□猫背である

正しい姿勢のポイントは

①　頭と首の中央から垂直におろした線が丹田をとおって足心（土踏まず）におちていなければなりません。

②　そのためには肩の力がぬけて横に水平になって少し下がりめになっていなければなりません。

③　肩の力を抜くためには、腰に力が入っていなければなりません。

④　腰に力が入っているためには、アキレス腱と足の内側が伸び、足の親指に力が入っていなければなりません。

体重がかかとにかかりすぎると、腹部の力の抜けた前屈姿勢になり（疲労体型）、ハイヒールなどをはいて、体重が前にかかりすぎると子宮後屈になりやすく、腰痛・不妊の原因になります。

ハイヒールをはくと背が高く見え、足も長く見えますが、体には大変不自然な無理のかかった姿

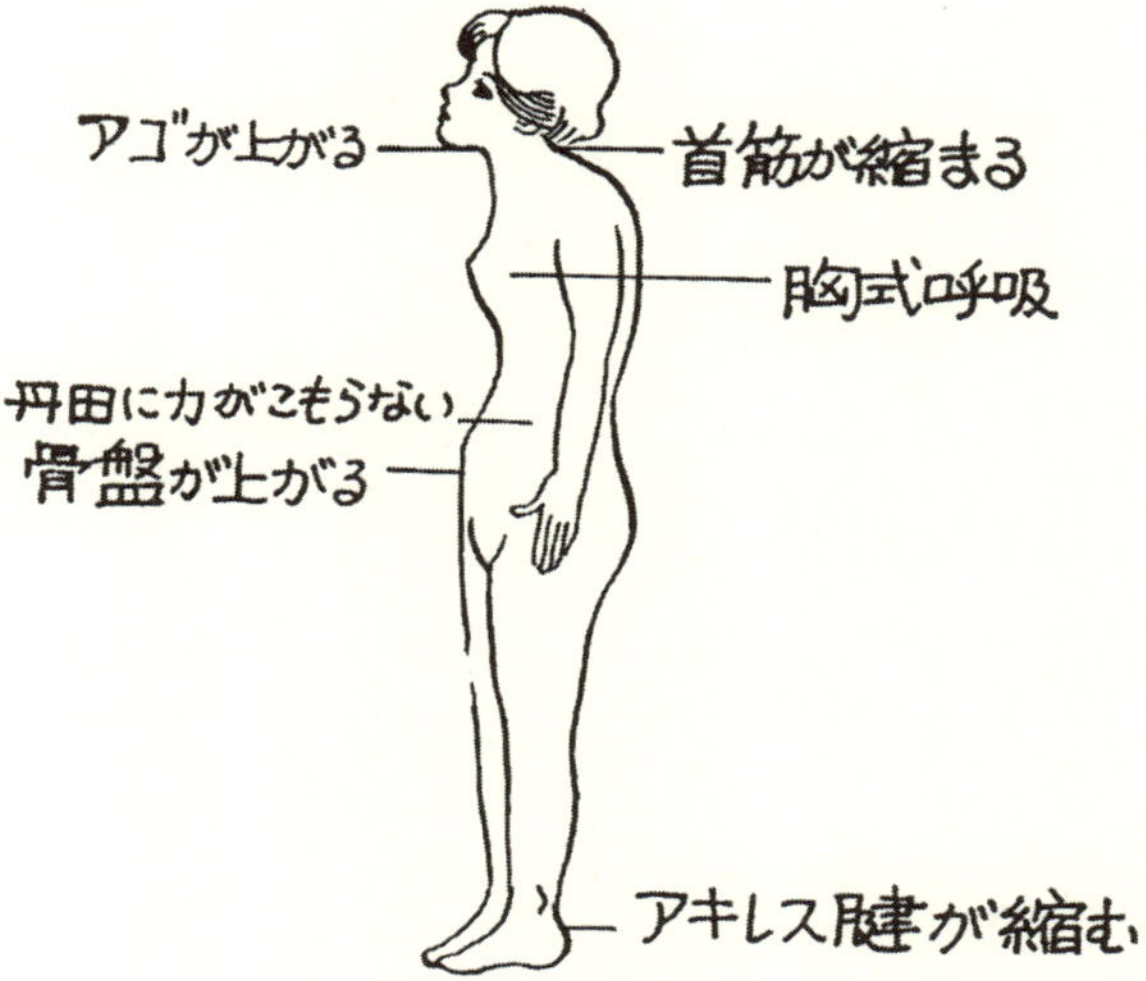

勢になります。そのままで歩くと大変不安定で体に異常を作り出すことになります。ハイヒールを使用する体型が身についてしまうと、アキレス腱が縮み、骨盤が上がり、アゴが上がって首筋も縮んでしまいます。呼吸の型も浅い胸式呼吸で、生理的中心点である丹田に力がこもらなくなることを意味します。心身の安定状態とは全く逆の状態になるわけです。

体型と呼吸の型は心に直結しますから、心への影響も無視できません。

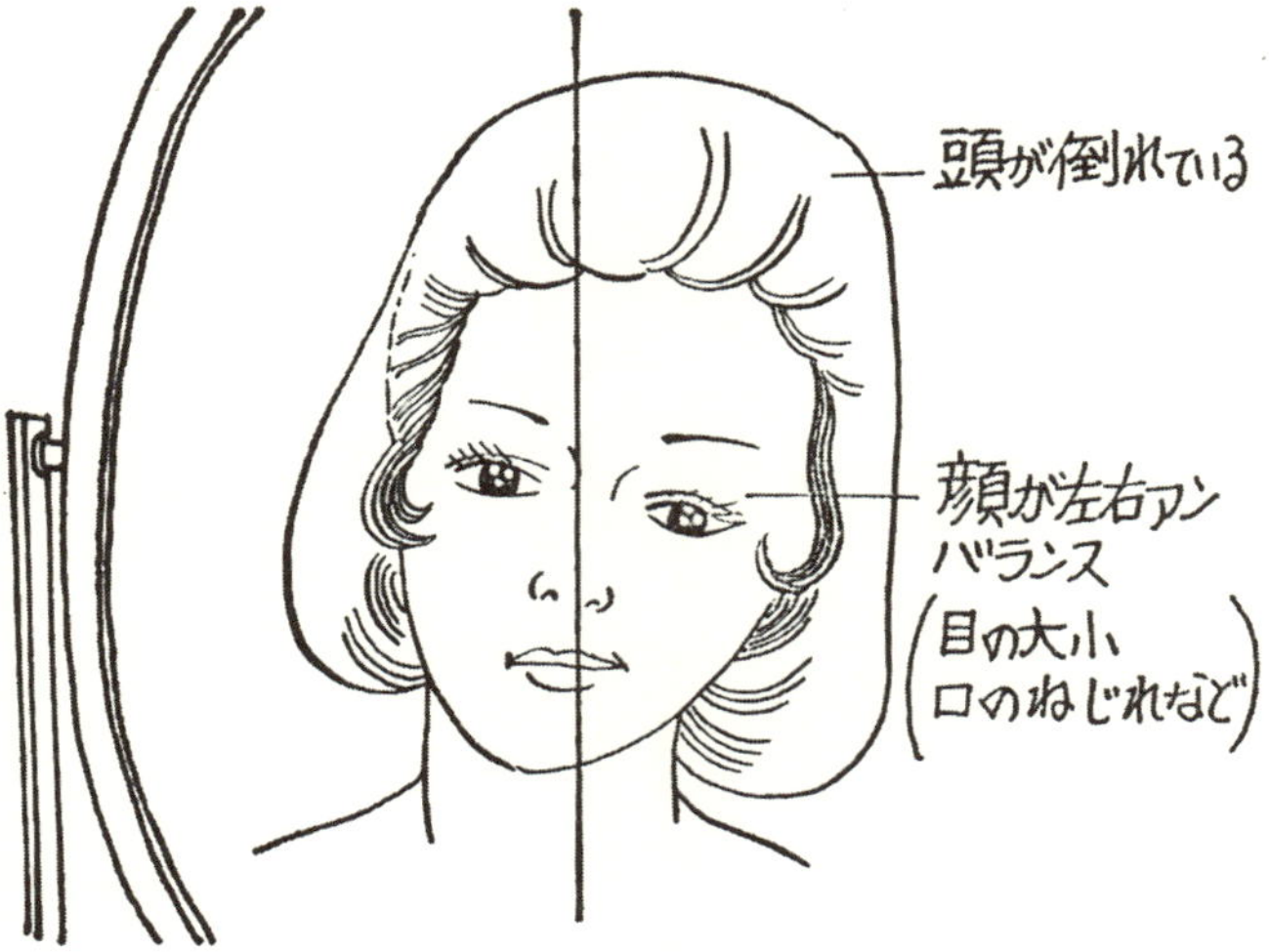

□顔が左右対称でない

鏡をじっと見て下さい。そして顔の中心線(縦)を一本ひいて下さい。

あなたの顔は左右対称ですか。もし口の片方があがっていたり、目の片方が小さい、というようなことがあれば、あなたの骨盤にかたよりがあります。骨盤のかたよりはそのまま背骨の歪みにつながります。そして背骨についている筋肉に影響し、内臓の圧迫、位置異常などを引きおこし、内臓の機能低下の原因を作ってしまいます。

□歩く時アゴをつきだしている

アゴは、意志の力を現すもので、腰臀部と対応してますから、疲れて腰の力がぬけてくるとアゴが出るのです。

【治し方】

腰の強化ポーズ。さか立ち。

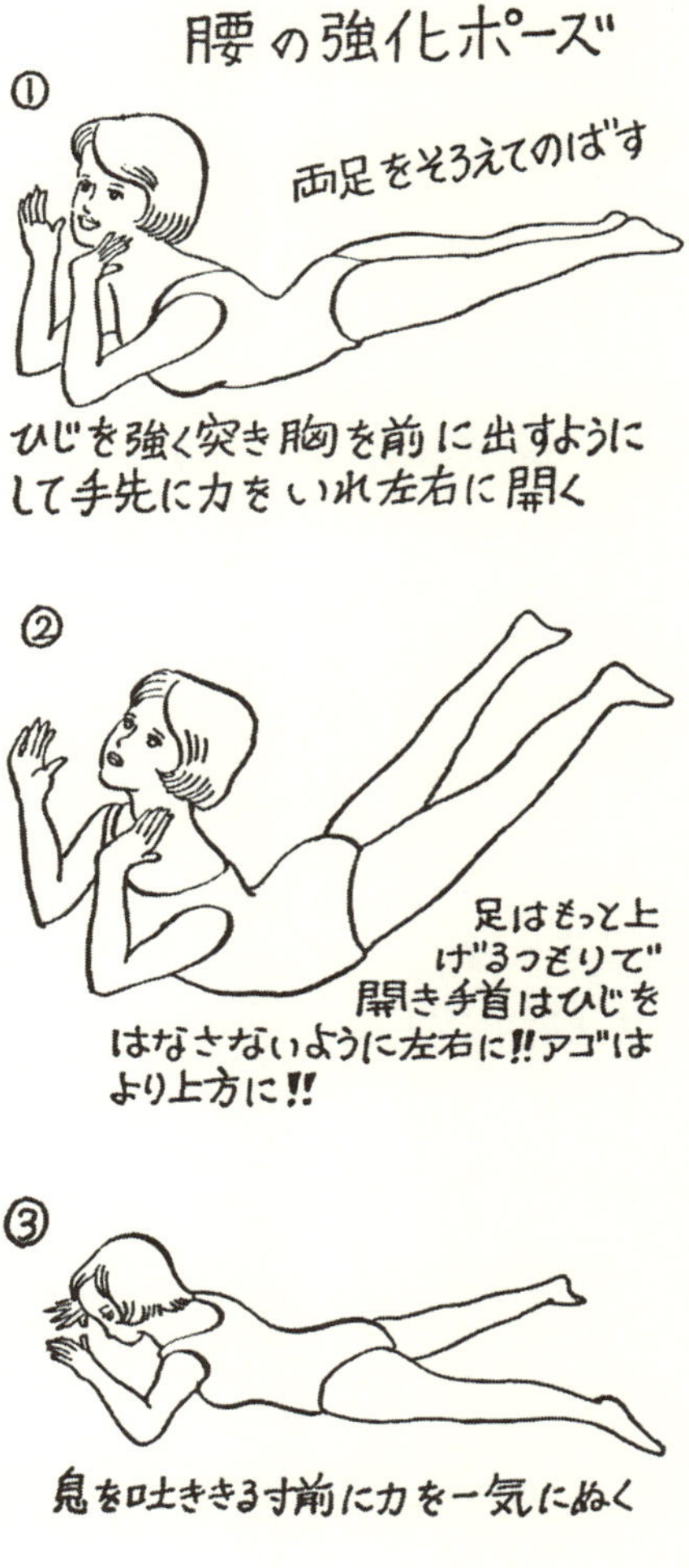
腰の強化ポーズ
①
両足をそろえてのばす
ひじを強く突き胸を前に出すようにして手先に力をいれ左右に開く
②
足はもっと上げるつもりで
開き手首はひじをはなさないように左右に!!アゴはより上方に!!
③
息を吐ききる寸前に力を一気にぬく

□首が曲がっている

証明書の写真を撮ってもらおうと写真屋さんに行ったとき、自分ではまっすぐにしているつもりなのに、「もう少し顔を左（右）におこしてください」と言われたことはありませんか。写真屋さんが「はいけっこうです」と言っても、何だか自分では顔が傾いているような気がするかもしれません。

こんな人は首が曲がっているのです。首は大脳と各内臓や手足などを結ぶ神経の密集地帯で、頭と体を結ぶ通路です。首が曲がっているということは、首と胸の筋肉の一方が縮んで、硬くなり、頭がい骨の片方が下にズレているということで、このことが耳が聞こえづらい、めまい、吐き気、頭痛などの異常の原因にもなります。

首をまっすぐにしてやると、頭の血行がよくなり快適です。

【治し方】

スキのポーズ。コブラのポーズ。首を前後左右に息を吐きながら伸ばす。曲がっている方向に首を倒します。その頭を下から手でもとにもどそうとおしあげます。すっと頭をあげるのでなく抵抗しながらもとに戻ろうとして下さい。どちらが曲がっているかわからないときには、左右やってみてやりにくい方を特に矯正するよう心がけるとよいでしょう。

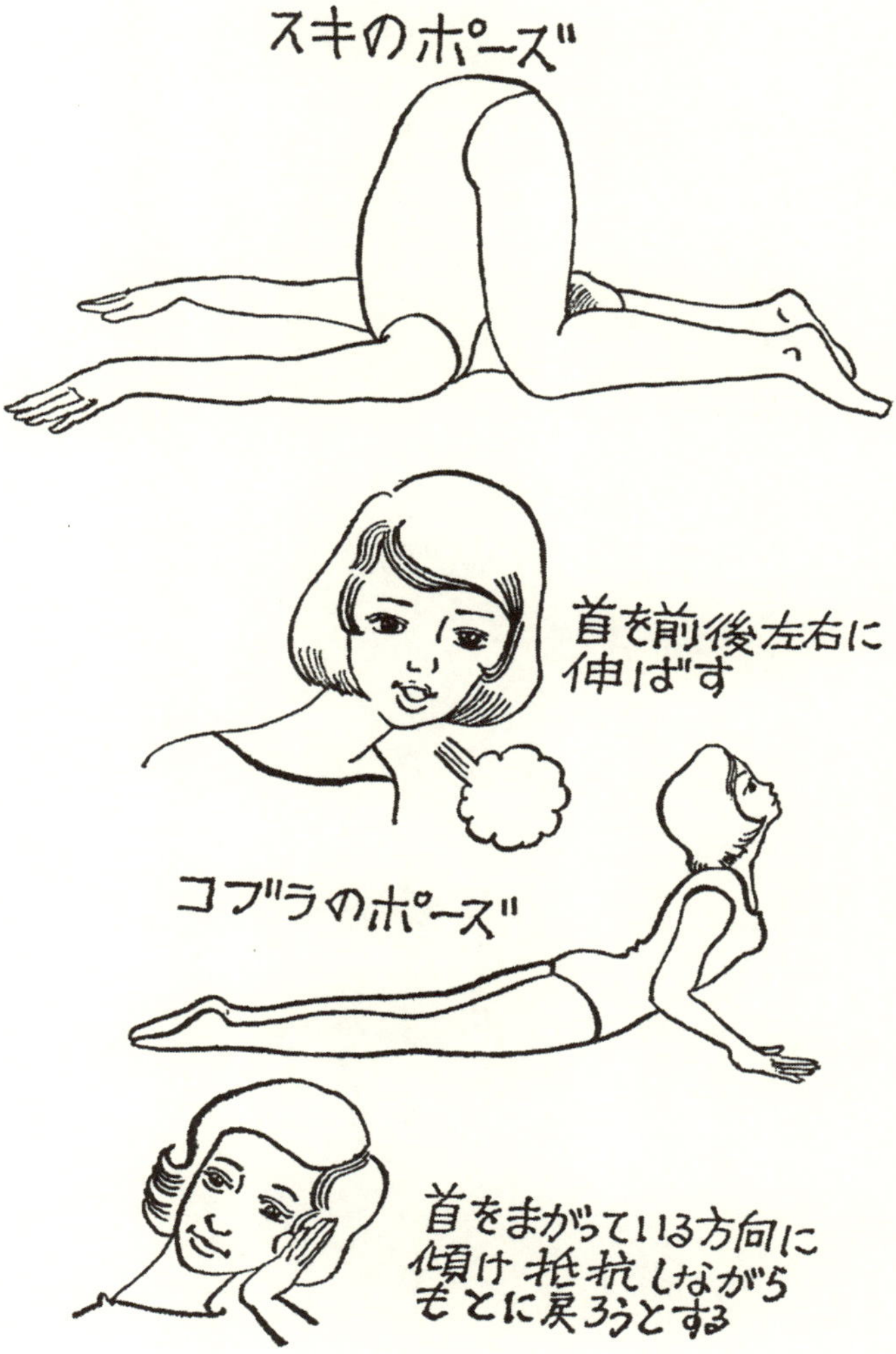
スキのポーズ
首を前後左右に
伸ばす
コブラのポーズ
首をまがっている方向に
傾け 抵抗しながら
もとに戻ろうとする

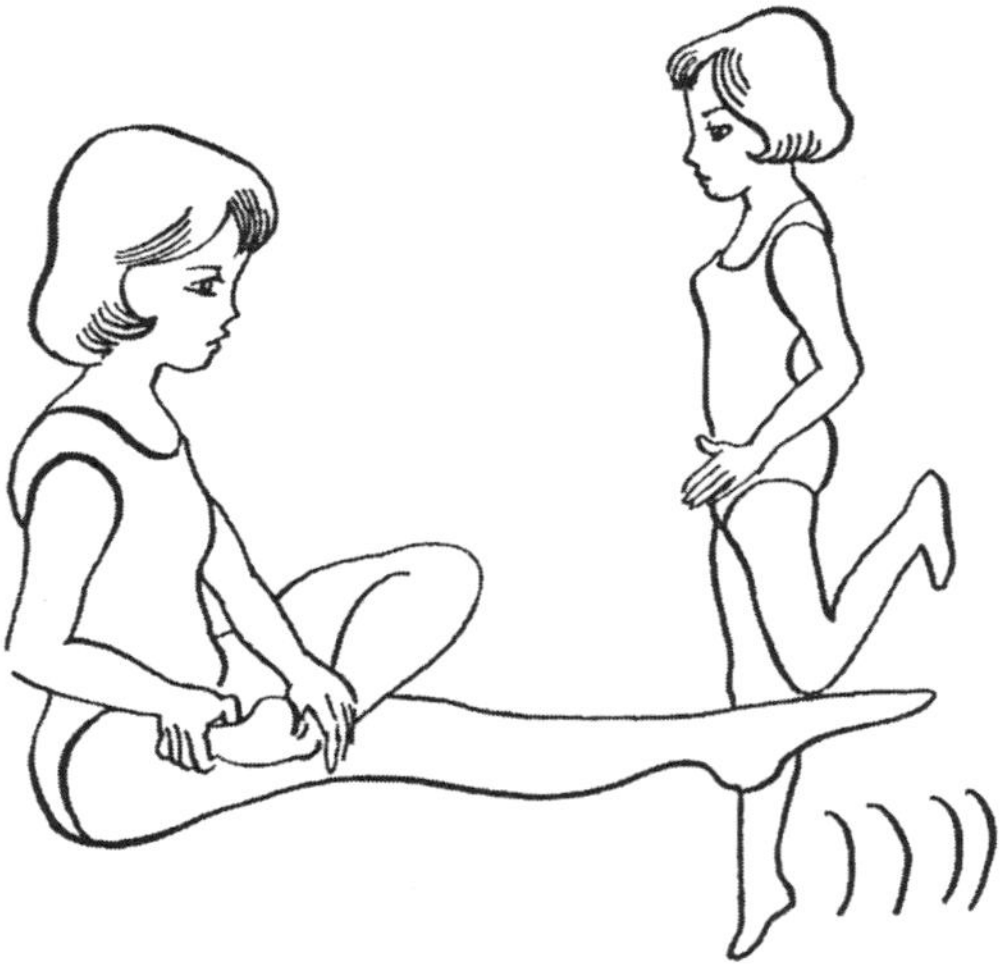

□頭部が左右へ傾斜している

頭・首部の、左右への傾斜とずれ、ねじれを見ます。正しい頭部は左右対称で、いずれの方へもかたよっていません。

・右曲がりの場合——右手、右肺、肝・腸の右側など、内臓の右側に異常があります。

・左曲がりの場合——左手、左肺、胃・腸の左側などの内臓の左側に異常があります。

【治し方】

固く、短くなっている方の足を伸ばし、足首をねじってゆるめ、逆の足に力を入れる体操を行います。

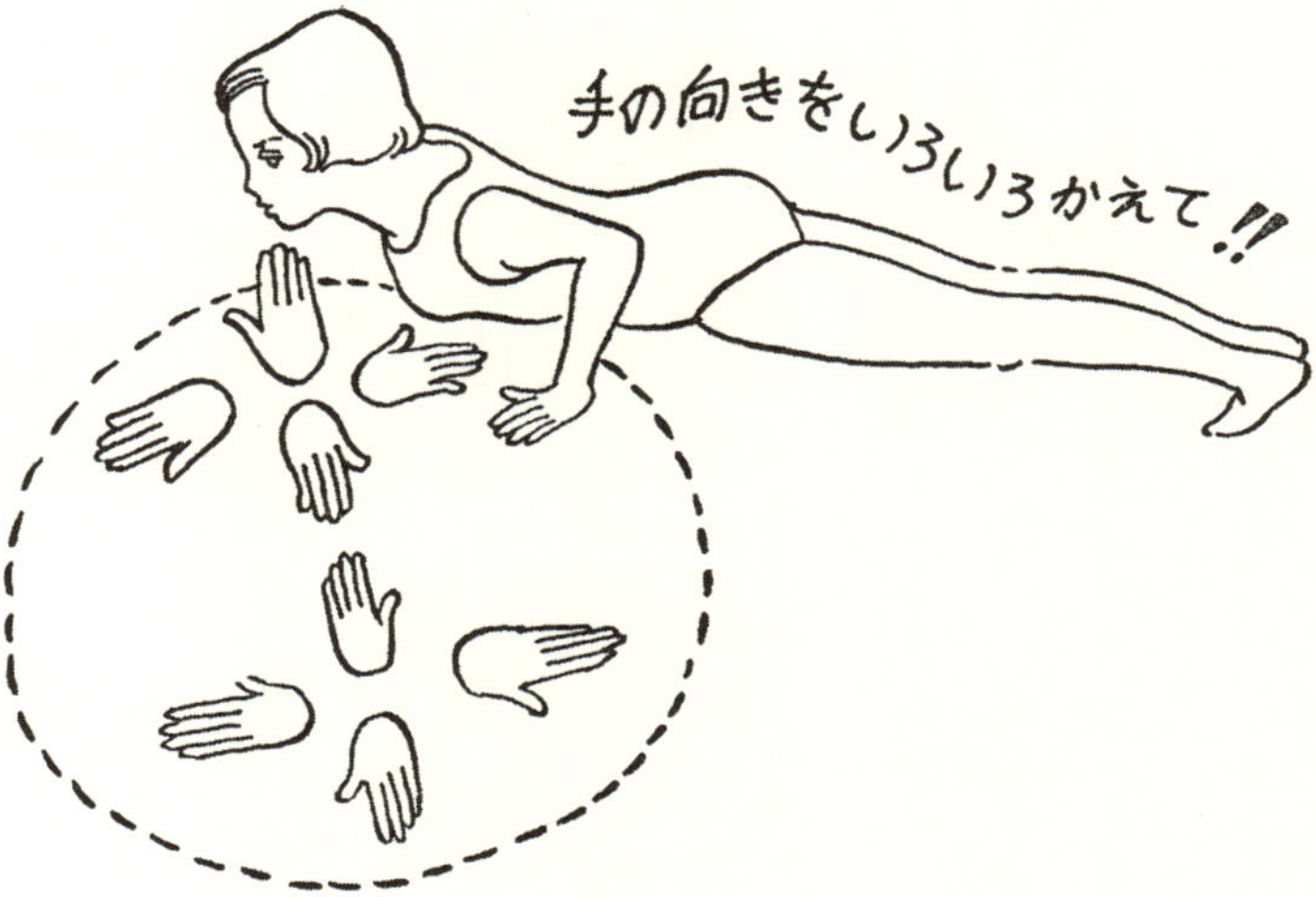

□手首の力がない

手首というのは、胸の上の方と、肩、首と関係しています。豊かな胸を持っている人はゆったり広がった肋骨を持っています。手首の力がなく、手の屈伸力がなくなると肋骨の開閉力が弱くなり、呼吸器が悪くなったり、心臓が弱まったりし胃も下垂してきます。

胃が下垂している人は、他の内臓も下垂していますから、若さ、スタミナがなくなり、不自然にやせた体型になってしまい、どうしても豊かな胸をもつことができません。

【治し方】

効果があるのは、腕立て伏せです。手先の向きを上下内外に変えて、一番やりにくい向きの数を多くします。

□肩の高さがちがう

肩も首と同じで、自分では左右対称だと思っていても、鏡でよく観察したり、誰か他の人と組んで見合ったりしてみますと、肩が左右アンバランスになっていることに気がつきます。

ちょっと通勤通学の時の、自分のカバンを持っている姿を想像してみて下さい。

左手でカバンを持っている人は右肩を下げています。反対に右手で持っている人は左肩を下げています。

また、下がっている方の肩は、上がっている方の側より首のつけ根から肩先までが長くなっています。だから服を着ても、肩が下がっている方に服が寄ってしまいます。

このように体がひどく歪んでいる人は、サイズ的には合っても、着てみるとあちこちがぎこちなく、服が着にくい感じがするでしょう。

一般に右肩が上がっている人は過食家で、左肩が上がっているのは偏食家が多いです。また、肝臓に異常のある人は右肩を前に出し、心臓病や冷え症の人は左肩を前に出した姿勢をしています。

これらの異常や歪みは、その姿勢が修正されて正しい呼吸の仕方が身につきますと、スタイルや姿勢が正しくなるだけでなく、その人の持っている病気も治ってしまいます。

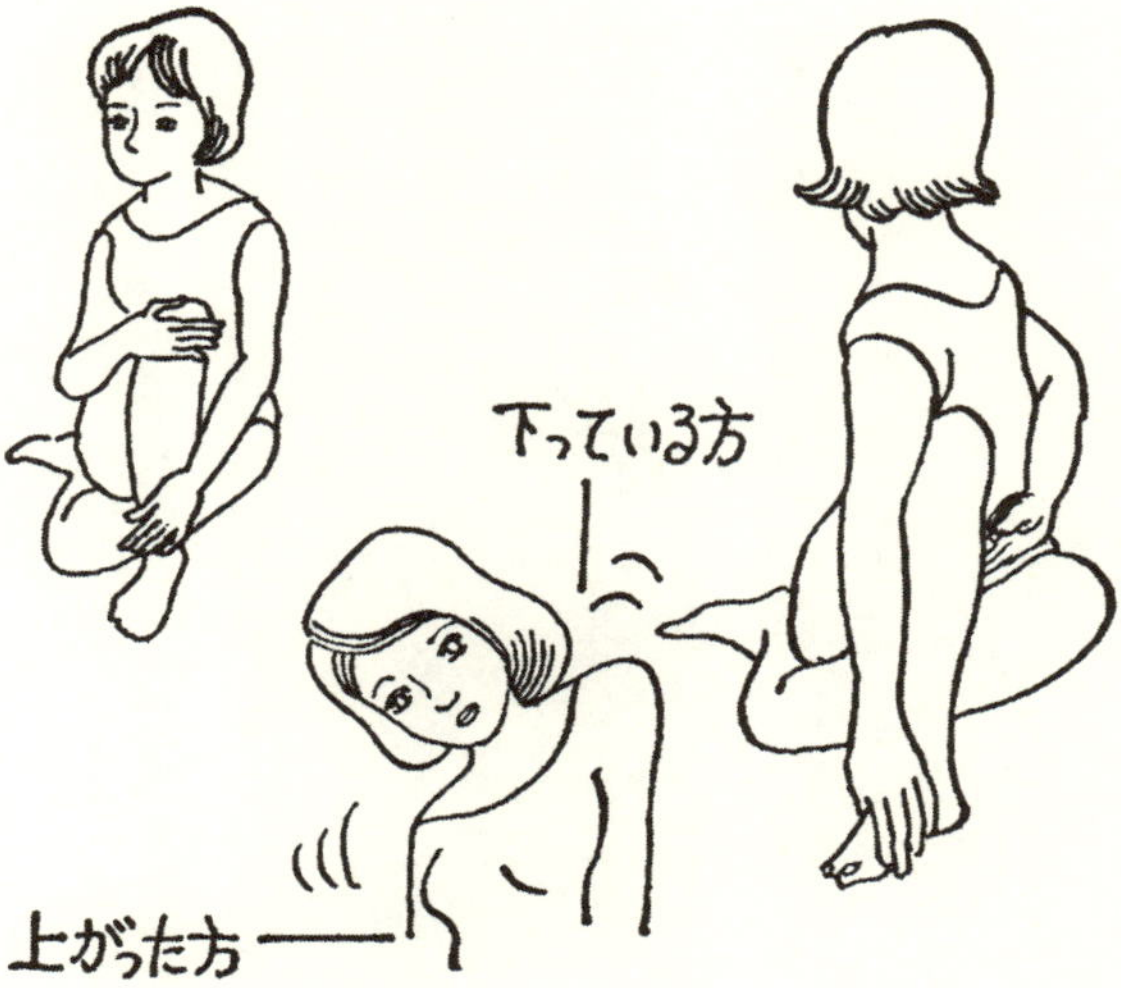

【治し方】

・胸に力がなく両肩が前屈している場合、尻を後ろに出して力を入れる体操が必要です。

・片方の肩が下がっている場合、上がった方を下げ、下がった方を上げる体操や、左右に強く傾ける「ねじりのポーズ」などが必要です。

□乳頭の高さが違う

胸部のチェックでは、乳頭の高低、胸の高低、胸幅の左右差、胸幅の萎縮の度合い、みぞおちのやわらかさなどを見てみます。

魚のポーズで胸の高さを見、低い方の胸をつき出して足首を押さえてもらい、起きてきます。次に立ってそりかえり、下胸部の高低と広さを見ます。右側が広く高くなっている時は肝臓、左側が広く高くなっている時は胃の異常を示します。

【治し方】

この時は、低い方の手を伸ばし、もう一方をアゴの下にした変形ネコのポーズで、伸ばした手の反対側に尻をたおして治します。

肋骨の下縁の角度が鋭い場合、呼吸器が弱く内臓全体が下垂しているのを意味しますから、手をヒジ幅にして腕立て伏せをしたり、前後左右したり、あおむけで手を下L字にして腰を持ち上げたりします。

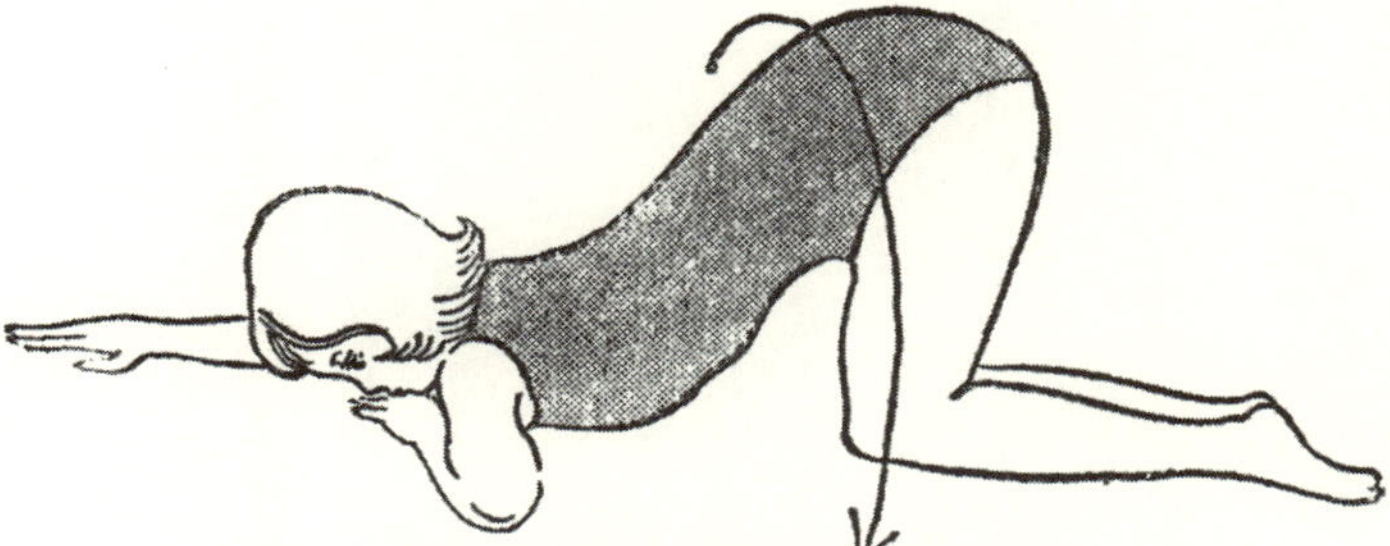

伸ばした手の反対側に尻をたおす

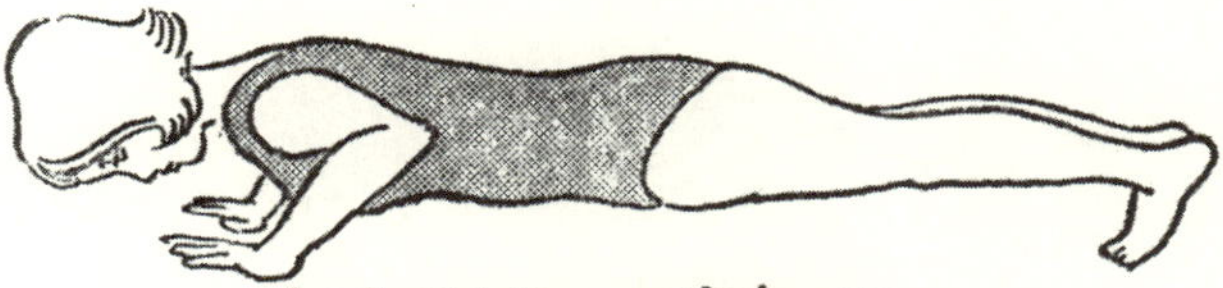

手をヒジ幅にして腕立て伏せ

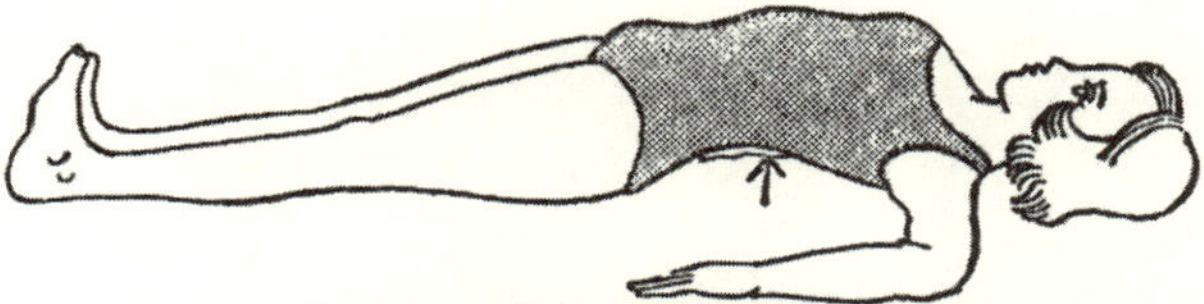

手は下ム字で腰を持ち上げる

□胸（肋骨部）が下がっている

肋骨が異常になると、呼吸作用が異常になり、肋骨内臓器である肺はもちろん、心臓、肝臓、胃も異常になってきます。肋骨は左右に張られ、肩部は下がり、首は伸び、胸が上にあがっている感じであるのが、正常な状態です。

しかしながら、たいていの人の胸部は、胸部筋肉が萎縮して肋骨が下垂しています。

肋骨が下垂すると、内臓全体も下垂します。肋骨が異常になると、肩甲骨も異常になり、このことを昔の人は「病《やまい》膏肓《こうこう》に入る」という言葉で形容しています。

私は慢性病（呼吸の異常）を治すコツは、肋骨と肩甲骨を正すことだといっています。ヨガでは、呼吸法を非常に重要視していて、胸はグッと張られ、乳房がつき出た状態が正常な胸部の状態です。

肋骨が異常だと、いくら正しい呼吸をしようとしても、また心臓を保護しようとしても、胃や肝臓の働きを高めようとしても、それは無理なこととなります。また背骨の異常は身体の前部に現れているので、実際に背骨に触れなくても、肋骨の対応部の異常を刺激是正することによって、背中の異常を治すことができるのです。

後ろ側、背中の筋肉は縮む力（陽性力）が強く、前側の筋肉は伸びる力（陰性力）が強いのが自然です。だからヨガのポーズには、そるポーズが多いのです。

ところがたいていの人は、背中の筋肉がたるんで、前側の筋肉が縮んでいるから、猫背になってしまうのです。このような時、手足をねじる運動が肋骨を矯正するのに効果的です。また、さか立ち、後ろ向きに走るなど、いわゆる逆体操と呼ばれるものがよいのです。

手を外へねじると肋骨が開き、肩甲骨の間を縮め、内へねじると肋骨がしまります。

後ろ向き走りなどは、胸を張らねばできないから、猫背修正法になるのです。

□尻が後ろにでていない

尻が正常なほど、いわゆるヒップは後にでています。男は三十〜三十五度、女は三十五〜四十度の角度でしまって出ているのが正常です。壁に背をつけると、後頭部、肩甲骨、ヒップの出っぱりが一直線になります。この時背骨は、初めて正常な生理的彎曲のS字型を描いているのです。

また尻の筋肉のしまり具合は内臓のしまり具合に一致しています。したがってこの時は呼吸力も強いのです。尻がうしろに出ていないで引っこんでいると、呼吸が浅く弱いので、無意識に猫背になります。また老人性前屈や、いわゆる疲労体型もまた、尻のたるみ、引っこみが原因です。

尻が引っこむと胸がへこみ、その結果アゴが前へ出ます。アゴが前に出ると首の血行が悪くなり、頭部にうっ血を起こします。この姿勢は、足の外側に体重がかかり、かかとに力が入り、その結果身体の安定がなくなるわけです。

尻の筋肉に異常を起こすと、骨盤を作っている仙骨と骨盤の縫合部に異常を起こすので、その上に連なっている脊椎部が狂う原因となります。

骨盤の中の臓器の状態は、また尻の筋肉に現れています。たとえば便秘をしていると尻はたるんでいるし、下痢をしていると尻の筋が固くなっています。尻を左右触ってみて、左側が、たとえばたるんでいるとすると、腸の左側部がたるんでいます。

尻をみると、子宮や膀胱の状態、位置異常などもわかります。尻をつくっている骨のひとつである仙骨は、子宮、膀胱、大腸などと関係があり、また尾てい骨は、直接肛門や性器と関係しているし、脳とも関係しています。肛門のしまる力と脳のしまる力は正比例していますから、尾てい骨を刺激する方法は、頭をはっきりさせたり、てんかんのけいれんを治す方法となるのです。

また柔らかい腰かけにすわり続けると、尾てい骨を刺激しないので、背骨の力もゆるみ、頭もぼけてきます。勉強する時、固い腰かけに座っていると、背すじが伸び、頭がさえるのは、尾てい骨を刺激するからです。また足の裏を合わせて、尾てい骨を軸に左右に体をゆらすと、背骨は矯正されていきます。

【治し方】

ヒップを後ろに突き出すために、腰を前につき出し、また尻に力を入れるために肛門をしめ、ヒザの内側と足の親指に力を入れます。足に力がこもれば尻にも力がこもり、自然に美しい姿勢がとれるようになります。ヒップの左右の筋肉の柔軟度がちがうと生理痛や生理異常、流産などの原因をつくりますから、たるんでいる方はしまるように、かたい方はゆるむように行います。

□ 正座すると片方のヒザが前に出ている

その人の体に合った正座の仕方は、まず親指を重ねて正座し、両ヒザをつけて手を足のつけねに当て、少しそって両ヒザを持ち上げます。そこで胸をグッと張ると、自然とヒザが開きますから、そのままヒザをおろします。

その時のヒザの間隔、前後の具合がその人の体に合った状態なのですが、それはその人の体の歪みに合ったバランスのとれた状態であって、本来の正常な状態ではありません。そのために修正が必要となります。

【治し方】

座った時、右ヒザが前に出ている人は、右ヒザの外側に左手を当て、右手をうしろから左に回し、体を強く息を吐きながら右から後ろへ回します。三回位でよいです。大切なのは呼吸です。腹からしぼり出すようにします。終わったらもう一度最初の方法で正しい座り方をしてみます。

右ヒザが前に出ている場合

※ 腹からしぼり出すように
呼吸する

□足の指が曲がっている

手の指と同じように、足の指を含めて、足の裏全体は全身に関連しています。各部が曲がったり、硬くなったり、異常があると、関連している部分も異常になります。逆に関連部の異常が足に現れます。

親指は副交感神経に関係し、体液をつかさどり肝臓、のど、舌、鼻、眼球、腸に関連します。親指がまるまるしているなら過食タイプで、この指に力のない人は、不感症、不妊症、無力症の人が多いです。

第二指は消化器系に関連します。

第三指は循環器系、腸に関連し、また、気管支、唇、こめかみ、頭頂に関係しています。この二つの指がそり気味なら、胃が悪く、指先が下を向いていたら胃酸過多や過食癖の人が多いのです。

第四指は神経系に関連します。浮きあがって力のない人は、胆汁の分泌が悪く、ガスもたまりやすく便秘症の人が多いです。

第五指は、交感神経に関連し、泌尿器系をつかさどっています。生殖器にも関係しています。硬化していて、下へ曲がり気味なら、内臓下垂や子宮の異常がある事が考えられます。

指と身体の関係

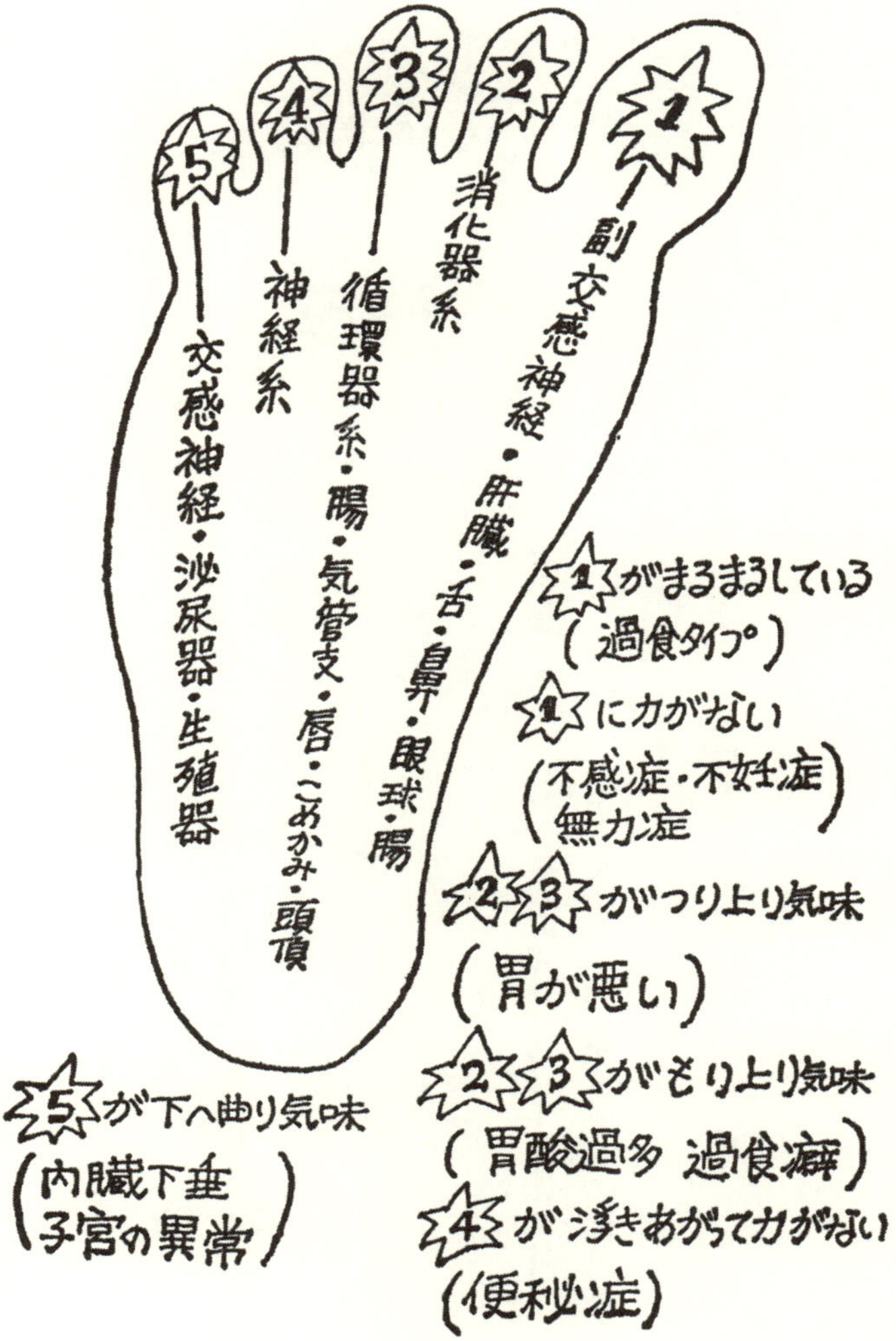

1
2
3
4
5
副交感神経・肝臓・舌・鼻・眼球・腸
消化器系
循環器系・腸・気管支・唇・こめかみ・頭頂
神経系
交感神経・泌尿器・生殖器
1がまるまるしている（過食タイプ）
1に力がない（不感症・不妊症 無力症）
2 3がつり上り気味（胃が悪い）
2 3がそり上り気味（胃酸過多 過食癖）
4が浮きあがって力がない（便秘症）
5が下へ曲り気味（内臓下垂 子宮の異常）

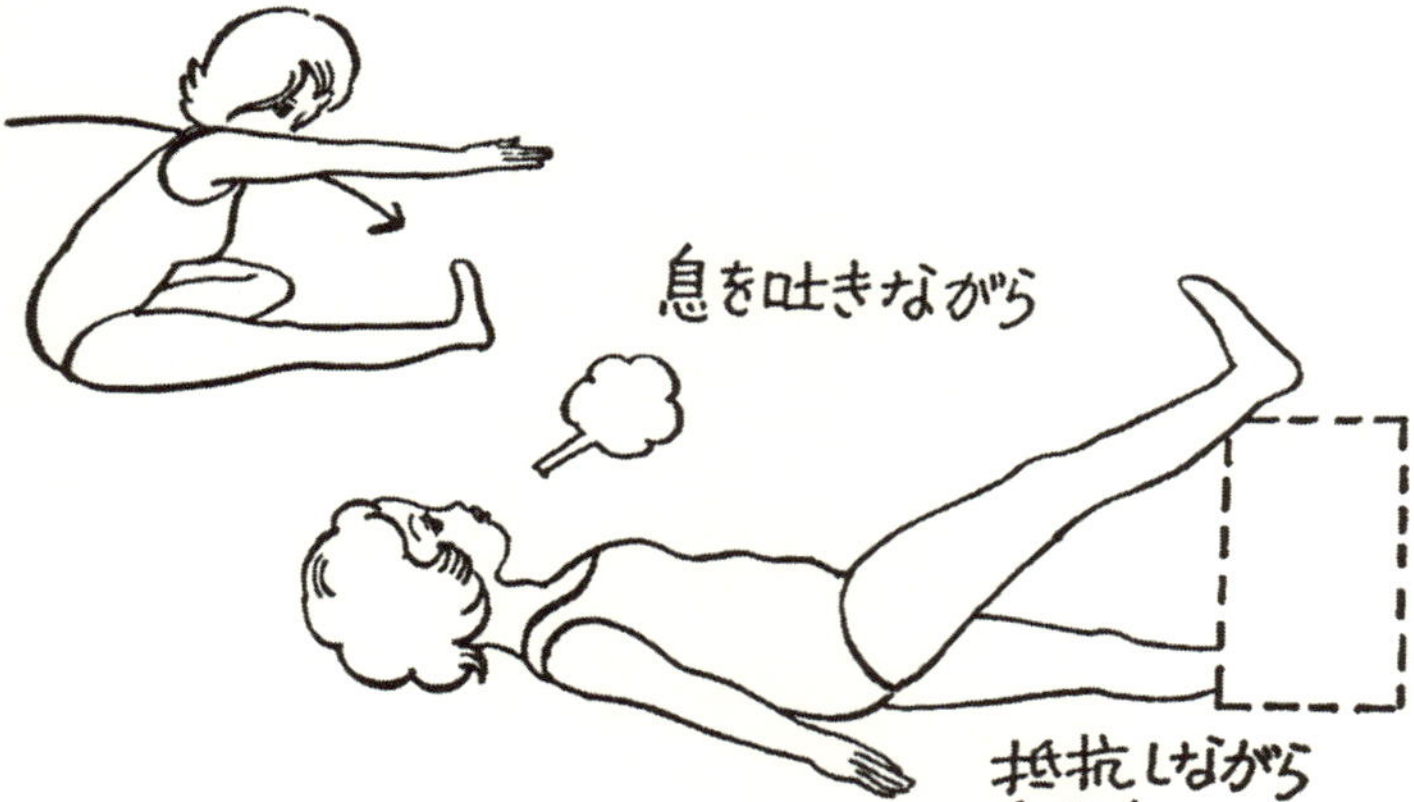

□足の長さが違う

片方の足だけに重心をかけて立っていませんか。あおむけになって、かかとの位置を誰かにみてもらって下さい。足の長さがちがうはずです。このことは骨盤が歪んでいるということです。この歪みで腰痛がおこり、短い足の方には内臓異常があります。

【治し方】

① 短い方の足のアキレス腱を十分に伸ばして台の上にのせ、息を吐きながら下に抵抗しておろす。

② 短い方の足のアキレス腱を伸ばし、長い方の足は外曲げにして前屈する。

3　呼吸による自己診断

□呼吸と病気

呼吸と心身の状態は一致しますから、意識せずに力を抜いて観察すると、健康状態がそのまま呼吸に現れ、身体や心の異常を知ることができます。自分で鏡を見ながらチェックしてみて下さい。

①　過食癖が身につくと右肩を上げて呼吸するようになります。それは、胃を保護するからです。また、猫背にもなりやすくなります。

②　前屈して肩を上げて呼吸をしている人には、肺の弱い人が多いのです。また、カゼをひいても同じ姿勢になります。

③　左肩だけを前に出して呼吸する人には、心臓に異常があるか、冷え症の傾向があります。（血行不良）

④　呼吸器（のど・気管支など）に異常があると肩を動かし、性器に異常があると腰を動かして呼吸をします。（イライラがつづく）

⑤　腎臓の弱い人は腰を落とし呼吸をしています。（不安がつづきます）

⑥　吐き気や頭痛がしているときは首を上げて、便秘や生理痛のある人は腰をねじり、内蔵の位置が狂っている場合は背中をねじって呼吸します。

⑦　疲れた人は腰をまげて、ノイローゼの人は肩をあげた猫背で呼吸しているのです。

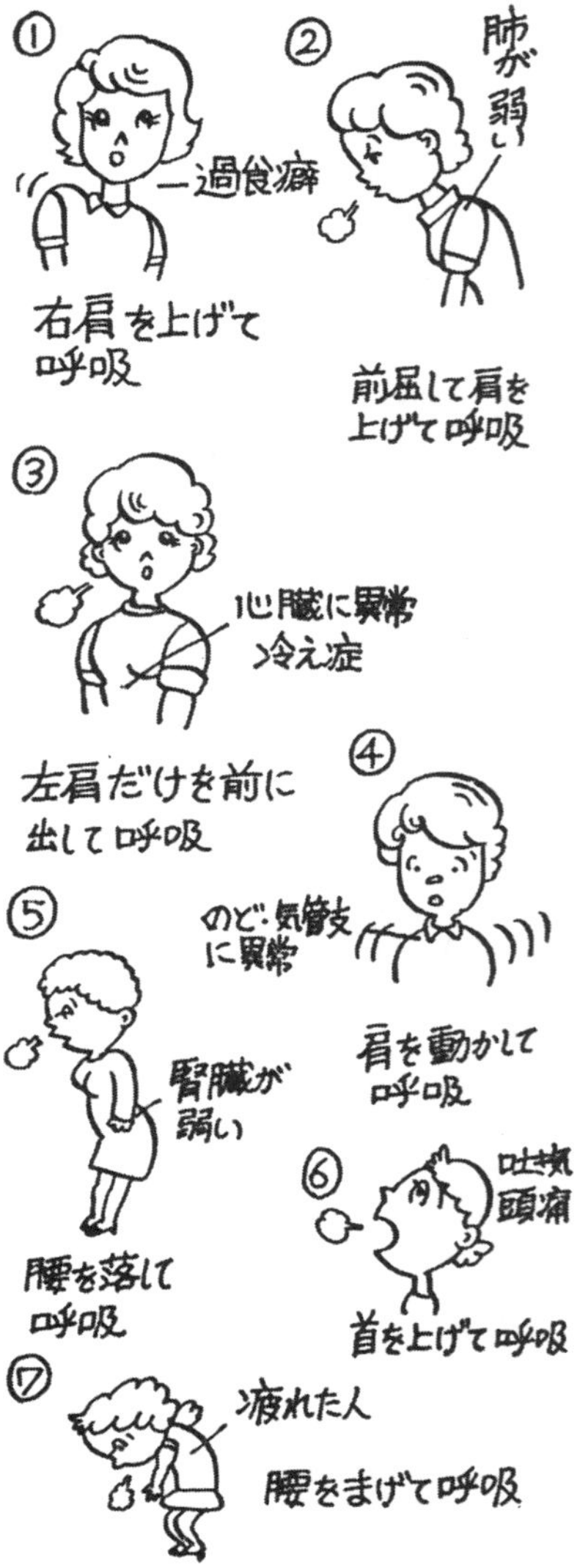

□呼吸の型と性格

ある人がどういう心理状態であるかは呼吸の仕方、すなわち呼吸の型を見るとわかります。たとえば、安心したときは吐く息の方に力が入っており、驚いたときには吸う方の息に力が入っています。また、満足したときには熱い息をしており、不愉快なときには冷たい息をしていますし、気持ちが落ちついているときには深く静かな息をしています。

よく腹を立てる人がいますが、それは浅くて荒い呼吸型が身についているからです。次に呼吸の型の例を上げてみますので自分の呼吸と比較してみて下さい。

① なんでもＯＫ型

吸う息、吐く息の長さが同じ。

② 一途型

吸う息の方が極端に長い。

③ 思索型

吸う息と吐く息が共に短くて弱い。

④ 分裂型

吸う息・吐く息の長さがときどき変化して、吸う息に力が入っている。

⑤悲観型

吸う息が短く、吐く息の方が長いが、吸う息の方に力が入っている。

⑥不安型

吸う息、吐く息ともに短くて、吸う息に力が入っている。

⑦楽天型

吐く息が長く力が入っている。

⑧闘争型（行動性が強い）

吐く息が特に長い。

⑨興奮型

吸息・吐息共に短く、力が入っている。

□自然呼吸について

人間は文化の進展とともに、正しい呼吸法を忘れてしまいましたが、嬰児のときには、自然な正しい呼吸をしています。呼吸においては吐く息が長いということが自然なことなのです。嬰児は長く深い息を吸い込み、しばらくの間その息を保留してから、吐く息に力を入れて静かに吐き出します。動物もまた同じような呼吸をしています。

□呼吸のリズム

意志の強さや動作の強弱は呼吸のリズムによって決定されることは、案外知られていません。強く呼吸すると意志も強く、動作もキビキビとしてくるものです。

スタミナのある呼吸とは力強く深い呼吸が自然的にリズミカルにつづいていることなのです。

みなさんも、イヤイヤながら仕事をしたり、会話をしたりしていると呼吸が浅く乱れてきて、すぐやめたくなったり、逆に楽しんでやっていると、力強い呼吸が自然につづくという経験をお持ちと思います。ですから、仕事で成功するにも、美しくなるためにも楽しんで物事をする工夫をすることが一つのコツとなっているのです。

□吐息と保留息

呼吸には、吸う息・吐く息・留める息の三つがあります。吸う息は身をひきしめ、交感神経を刺激して心を緊張させます。吐く息は身体をゆるめ、副交感神経を刺激して心を落ちつかせるのです。

ですから吸う息に力の入るような呼吸の仕方が癖づいていると、しょっちゅう交感神経の方を興奮させ、心をイラ立たせ血液を酸性に傾けますから、美肌の大敵といえるのです。三つ目の留める息は身体の力を強める働きがあります。

誰でも、重い物を持ち上げようと気張ったときや「なんだろう?」と注意したときは息を止めているのです。止息すると、体の内在力・統一力・集中力が高まり、全身の力が丹田に集約されるのでバランスのとれた体にもなりやすいのです。

4章 ヨガ美療実践

1　あなたを美しくするヨガ

眼をすっきりさせる

頭がい骨の縫合部がゆるんだりズレたりしていると、眼はもちろん顔全体もしまりのない鼻筋のボンヤリした状態になります。この縫合部をひきしめることがポイントです。

生活にはりがあり積極的に生きている人や希望に満ちている人は、眼もパッチリ顔もスッキリしています。逆にノイローゼの人の顔は、しまりが悪いのです。縫合部がゆるむと頭部はうっ血します。逆にしめれば血行がよくなります。だから眼や顔をスッキリさせるにはまず頭がい骨をしめることです。それにはさか立ちのポーズやはち巻きをしめることが直接的に効果があります。

次に、首から下の体の各部に異常があると、それが脳に異常刺激を与えるために脳および頭部はうっ血します。首がうっ血して血行が悪くなっていると頭部もうっ血せざるを得ません。肩や首がこるような悪い姿勢をしていると、眼はドンヨリとしてきて鼻も異常をおこします。

さか立ちのやり方

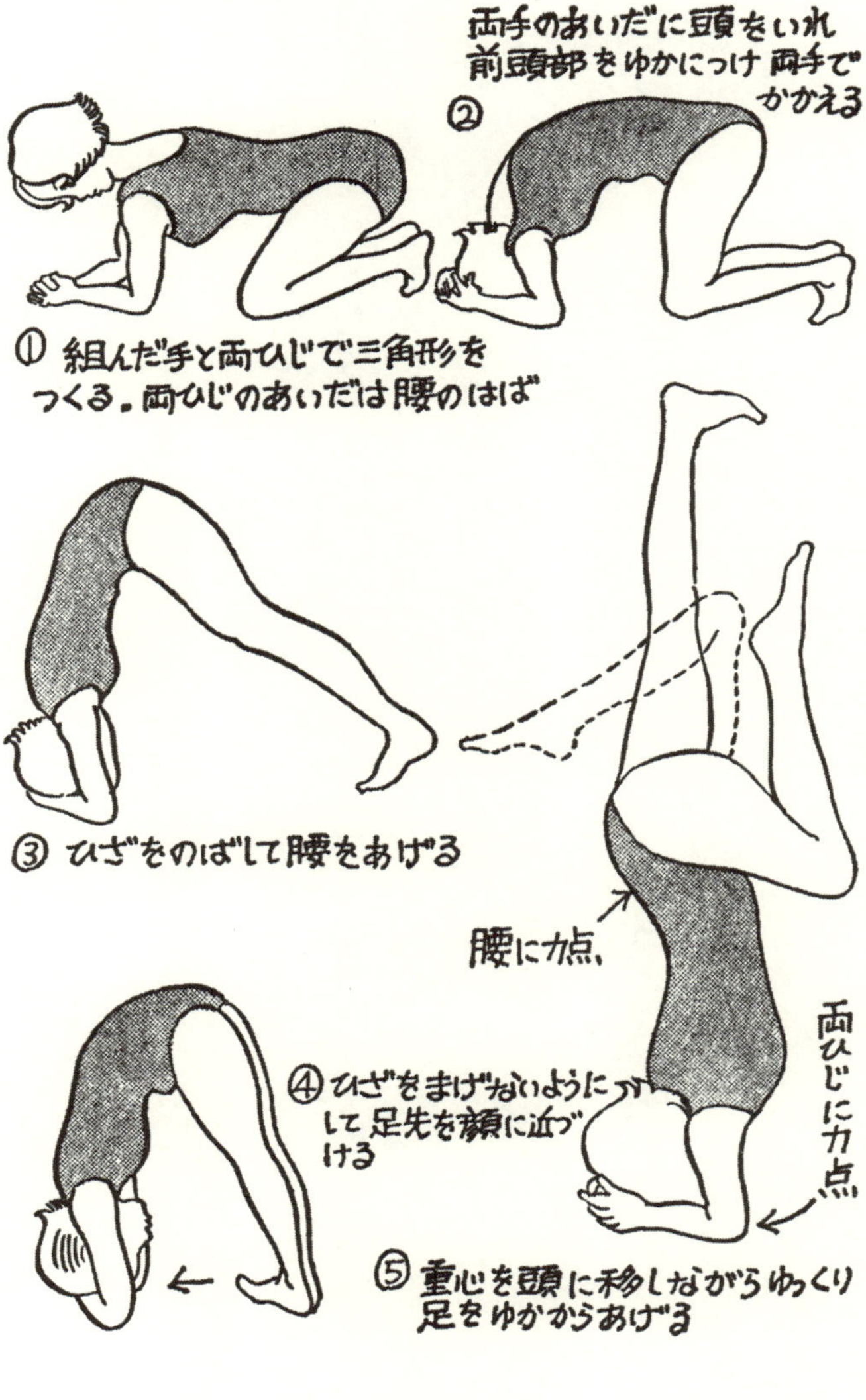
両手のあいだに頭をいれ
前頭部をゆかにつけ 両手で
かかえる
②
① 組んだ手と両ひじで三角形を
つくる。両ひじのあいだは腰のはば
③ ひざをのばして腰をあげる
腰に力点
④ ひざをまげないように
して 足先を顔に近づ
ける
両ひじに力点
⑤ 重心を頭に移しながらゆっくり
足をゆかからあげる

鼻すじをはっきりさせる

鼻すじをはっきりさせようと思ったら、頭部への血行をよくし、後頭部をしめることです。アゴを引いて首の後ろの筋を伸ばし後頭部をしめると、直接鼻と関係しあっている背骨の歪みが正されるので鼻筋がまっすぐ、はっきりします。美容整形で鼻だけ整えるのは、害があるだけです。鼻と背骨の曲がり方は一致しているので、鼻をみると背骨の正否がわかります。

鼻と呼吸器、排泄器、生殖器は関係しあっているため、肋骨の左右差は鼻の穴の大小として表れます。また、性病によって最初に異常がでるのは鼻です。

ちくのう症は、前屈、つまり猫背のために恥骨がとび出していることが特長です。逆に、この体の歪みは鼻部をうっ血させ、異常を起こします。同時に眼と耳もうっ血させます。断食すると、耳、眼の異常はすぐに治りますが、これは過食も原因していることを示しています。

頭部のうっ血を治すためのポーズとしてはさか立ち、逆さか立ちが適しています。また足首も首から上に関係しているので、足首が冷えると鼻水が出ます。だから足首を回したり、足首を強くする運動も必要です。

さらに前屈を修正するために、後ろへそらせる体操も行うとよいでしょう。

◆鼻すじをはっきりさせる◆

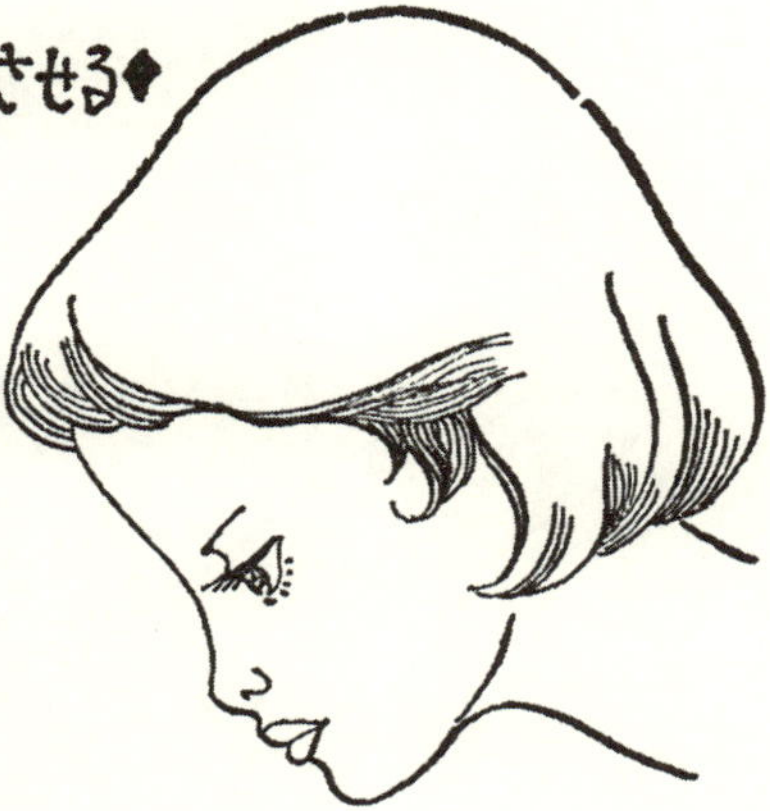

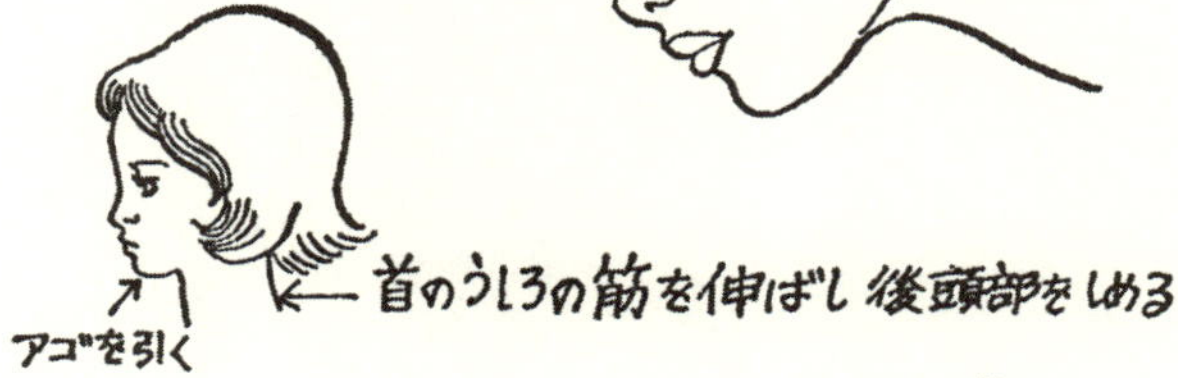

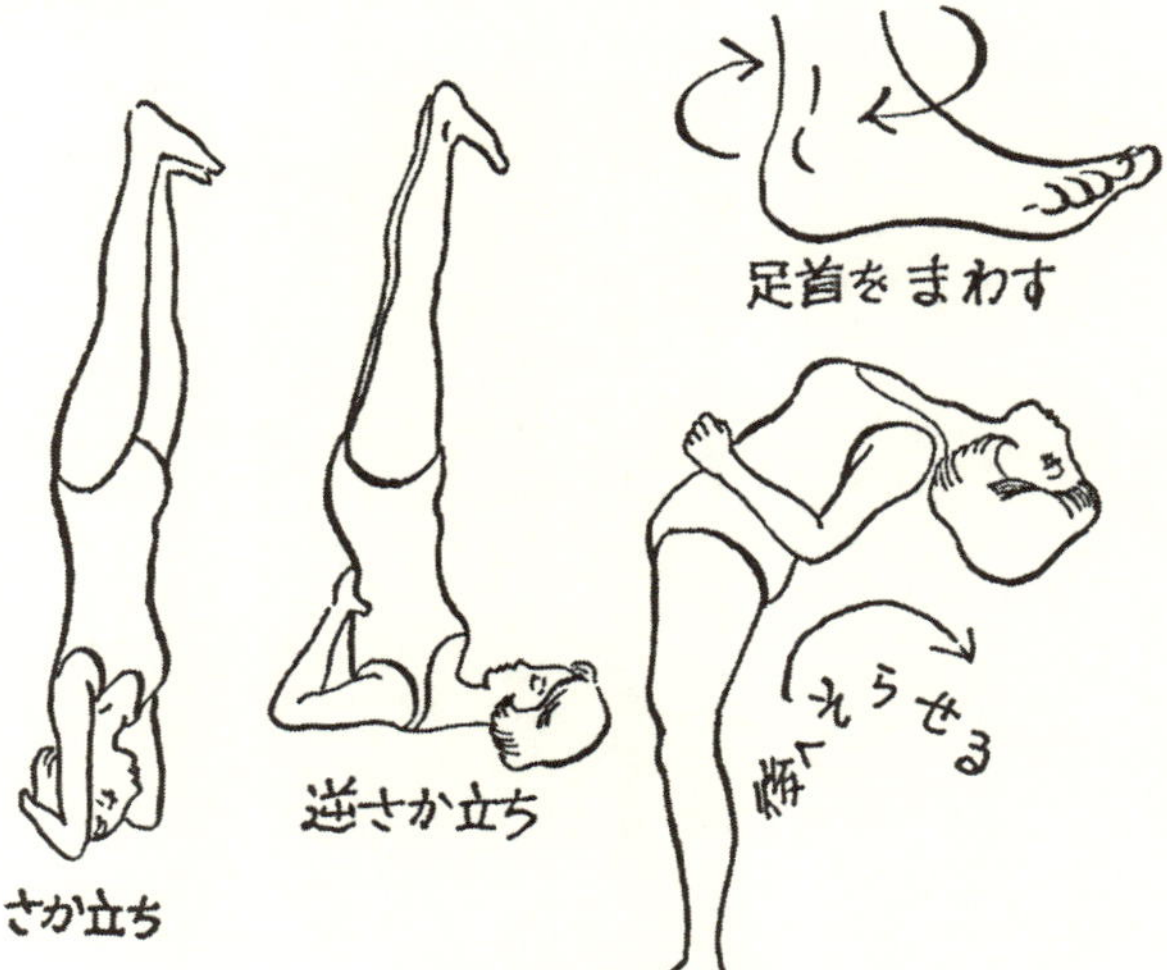

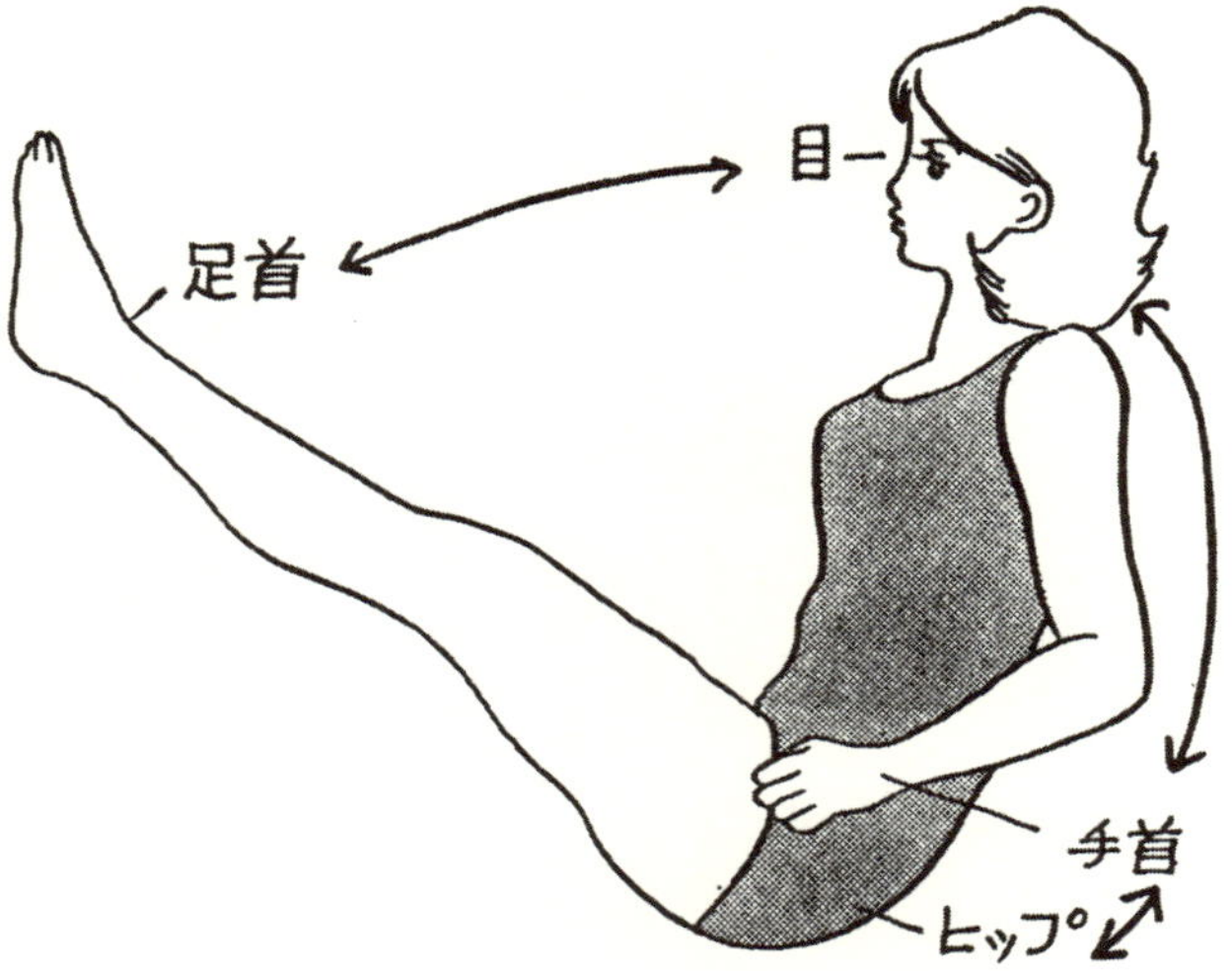

首筋を美しく

首は脳と、肩から下の体との関連部ですから、首筋がこっているということは、両方の連絡がうまくいかないということです。さらに、両方のどちらか、または両方共に異常があることを示しています。

腹や腰および足に力がなかったり、異常があると首がこってきます。アゴが出てきて首筋も縮んでしまいます。足首、手首、ヒップ、首は関連しあっていますからこのうちの一つがしまると他もしまり、一つがゆるむと他もゆるみます。

手首、足首をしめるためにはねじって伸ばします。

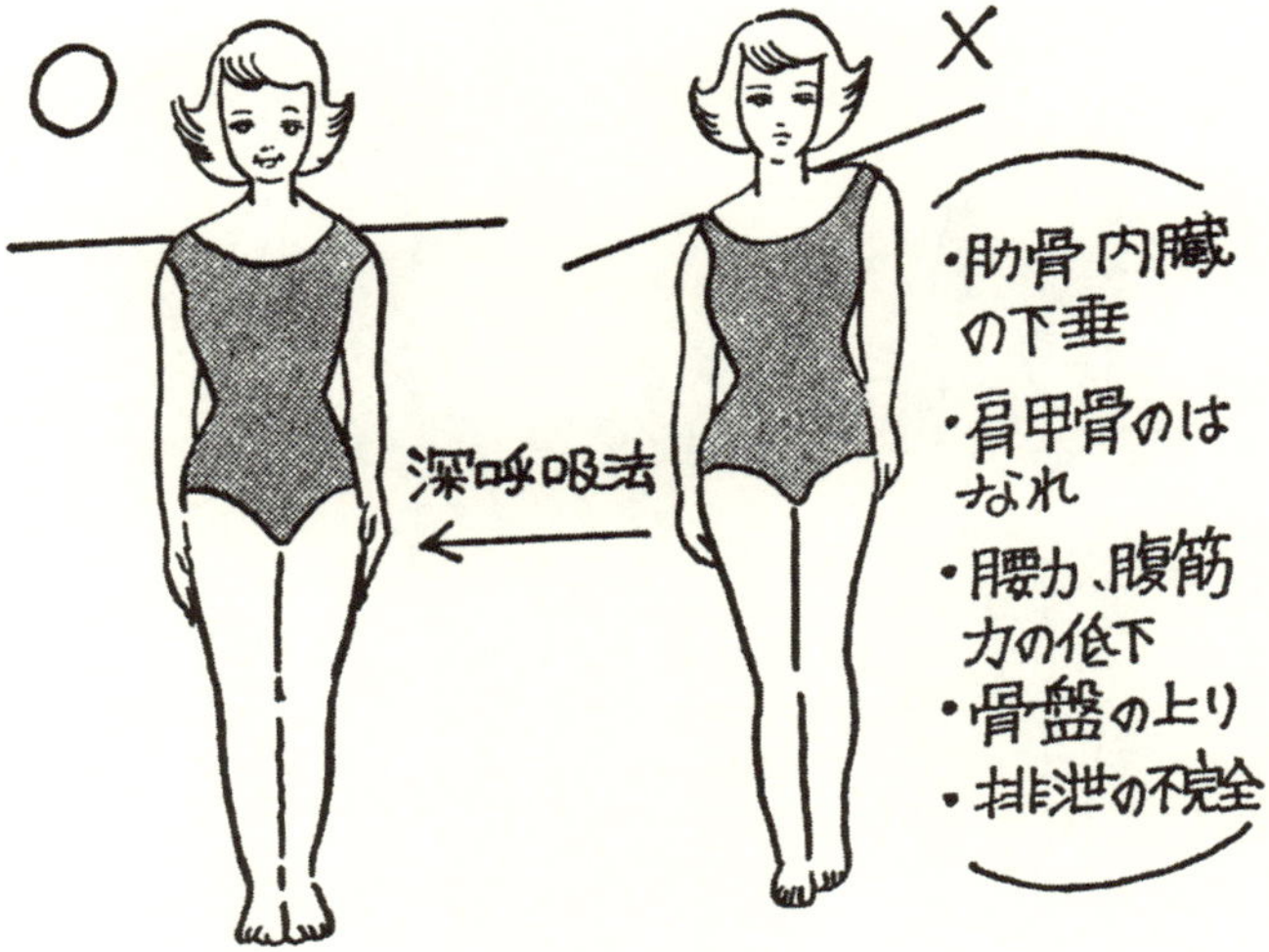

肩を女らしく

肩先を結んだ線が水平に張られているのが正常です。水平でないということは、内臓に異常があり、それを保護するために、前屈になったり後屈になってしまうのです。つまり肩に力を入れて異常部を保護するわけです。

原因には肋骨や内臓の下垂、肩甲骨のはなれ、腰力、腹筋力の低下、骨盤の上り、排泄の不完全などがあります。また、内臓の異常は背骨も異常にするので、それを保護しようとして肩も異常になります。

肩のラインを美しくする方法は、バストが上がり骨盤の下がる姿勢ですが、その最上法が深呼吸法です。

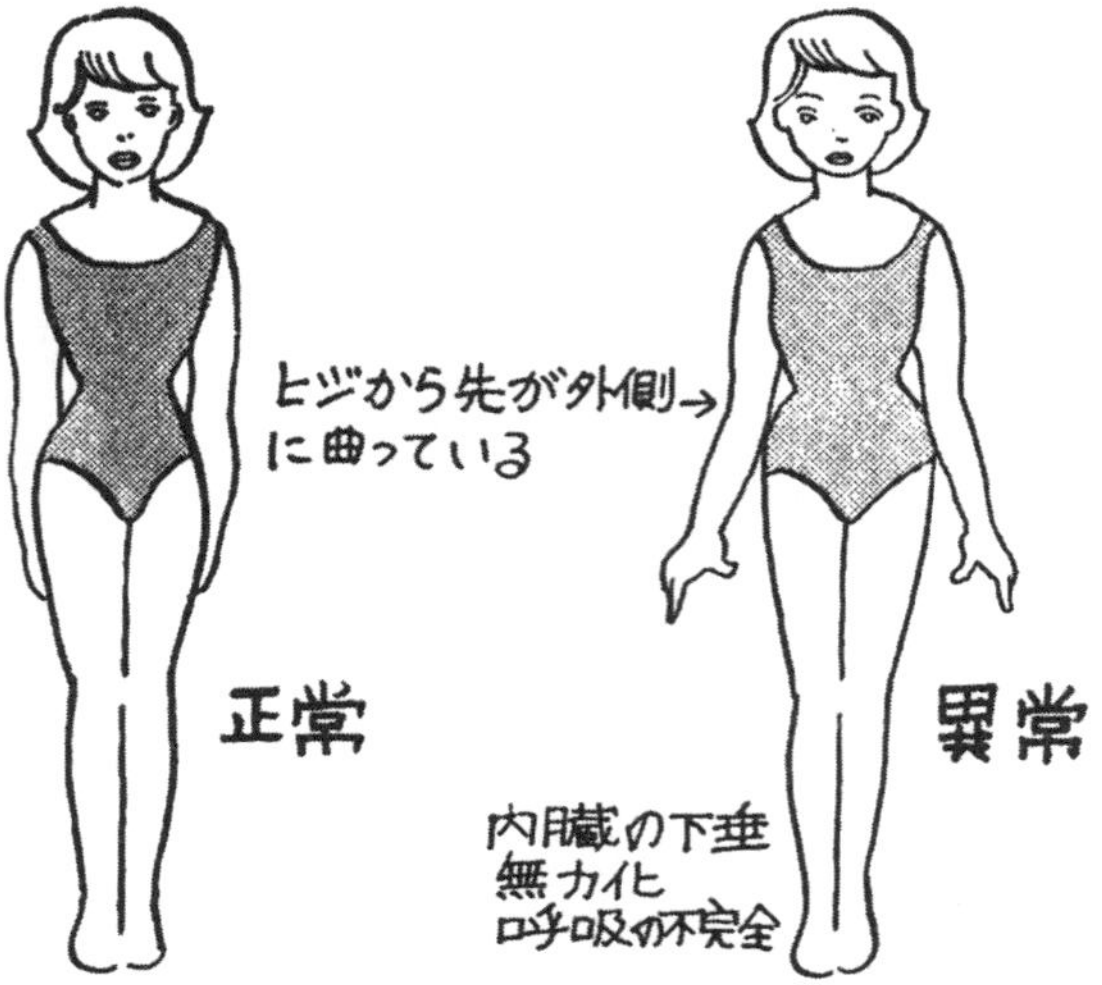

腕の線をきれいにする

腕は頭部および肋骨と肩甲骨の状態を表します。腕に力がないということは、肋骨および肩甲骨に力がないということで、内臓の下垂や無力化、呼吸の不完全を示しているのです。

女性に腕の力が弱い人が多いのは呼吸力が弱いからです。女性には、腕を伸ばした際、ヒジから先が外側に曲がっている人が多いのですが、これは肋骨と足の異常からきます。腕が不完全であると、内臓下垂や肋骨下垂であったり、肩甲骨が離れていたりします。

腕立てふせや、両手を上げる角度を変えながら内ねじりや外ねじりで修正します。内ねじりは肋骨を、外ねじりは肩甲骨を刺激します。

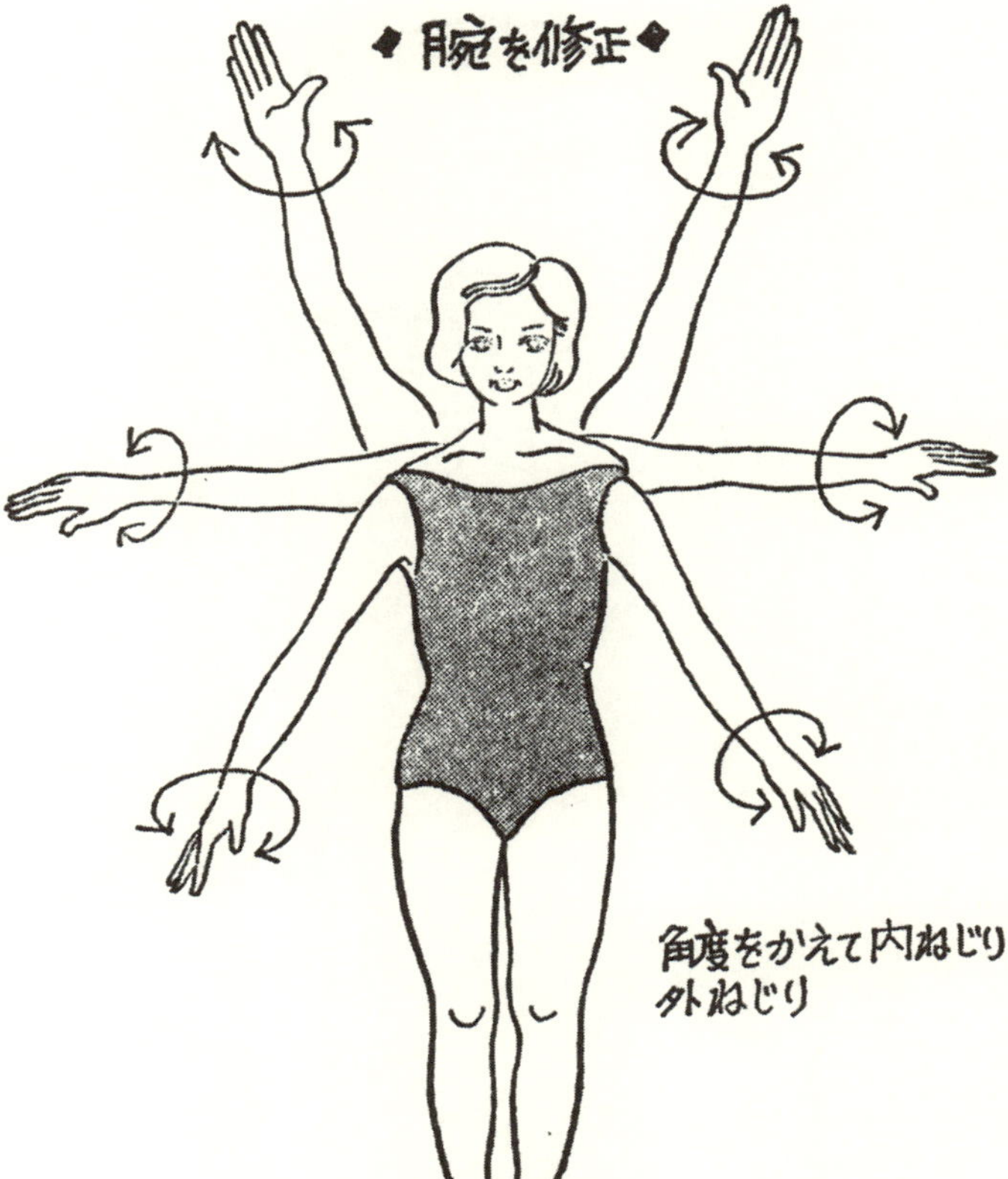

腕立てふせ

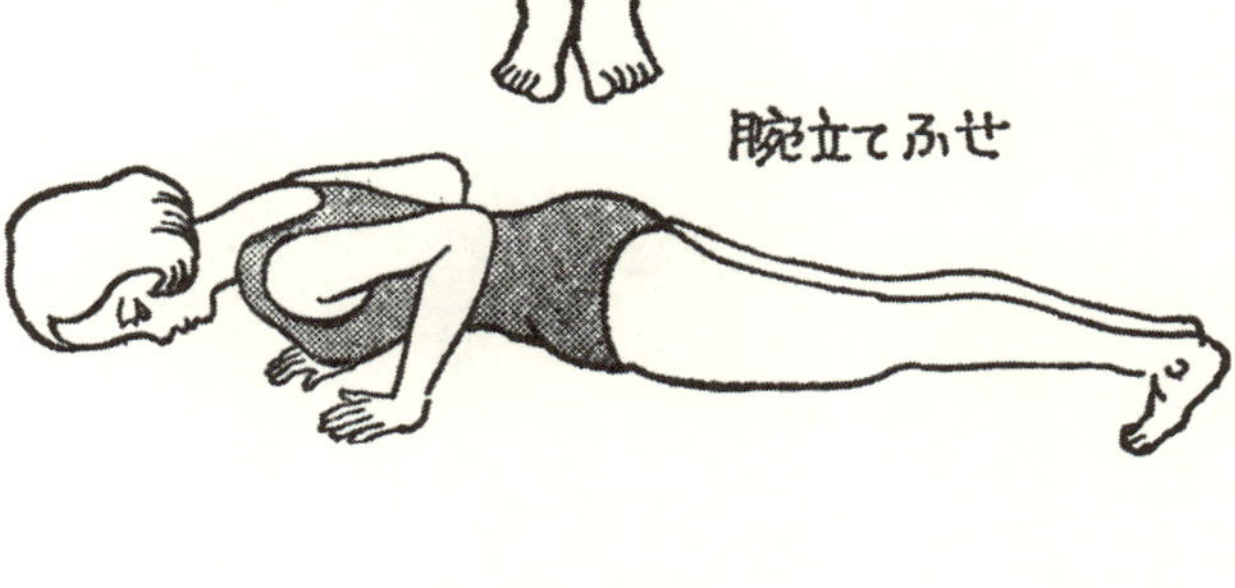

指を細くしなやかに

指は腰の状態を現します。だから、ピアノなどは腰を正常にしないと上手に弾けません。

また、手と頭とは直接関係しあっていますから、手がおかしいのは、首から上のどこかに異常があるためです。手をよく使うと脳も発達します。

腰の力がなくなると手首が太くなり、手首がしまると手はしなやかになるのです。そこで腰に力の入るような訓練をします。

さらに各指の関連部位は、親指が副交感神経・体液・腸・肝臓、人さし指が消化器、中指が循環器系・腸、薬指が神経系・肝臓・腎臓、小指が生殖器・泌尿器系・肺・心臓・交感神経です。

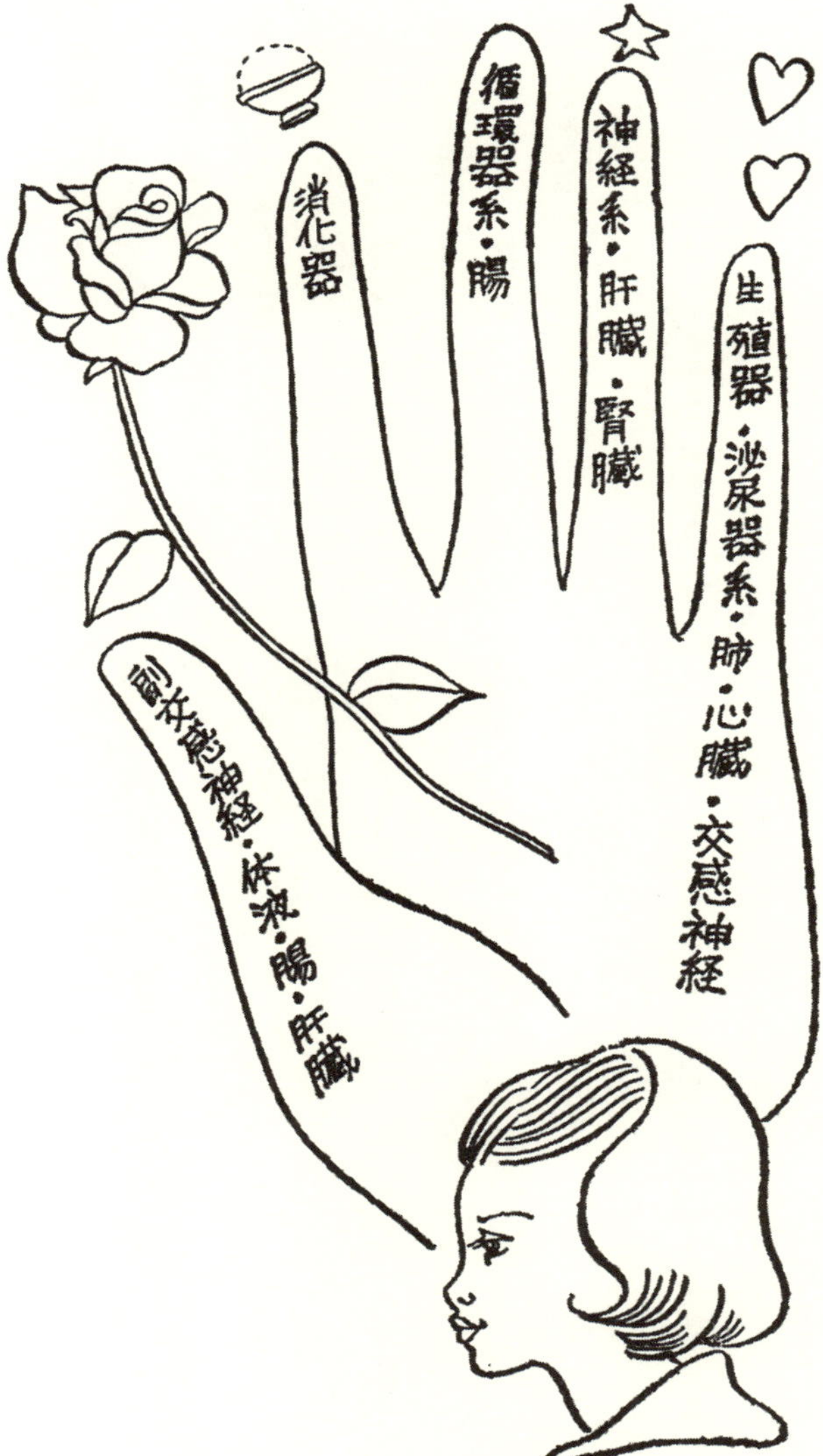
副交感神経・体液・腸・肝臓
消化器
循環器系・腸
神経系・肝臓・腎臓
生殖器・泌尿器系・肺・心臓・交感神経

わき腹と腹筋

わき腹と腹筋の美しさは、排泄力と内臓の状態に関係します。ウエストが太いとか、腹筋力が弱いのは、内臓が膨張していたり、うっ血していたり、無力化しているからです。

わき腹をもみほぐすと排泄力が高まり、便が出やすくなります。腎臓の下垂している人もわき腹はふくれています。便秘している人はマラソンをするとわき腹が痛くなりますが、内臓がたるんで下垂し、排泄力が弱くて腹部がうっ血している状態です。

わき腹がはれると首もはれます。耳なりや難聴はわき腹を正常にすると治りやすくなります。腹を引っ込めて腹直筋を伸ばすと、わき腹もしまります。骨盤が上がるとわき腹はたるむから骨盤を下げることが大切です。それには、足の親指に力をつけることが必要です。腹部がたるんでくるとヒップもたるんできます。このように美しくなるということと、健康になるということは一致するのです。

腹筋力がないと、それを保護するために背中に力が入ります。そのため背中にぜい肉がついてしまいます。さらに胸も力が抜けてしまいます。

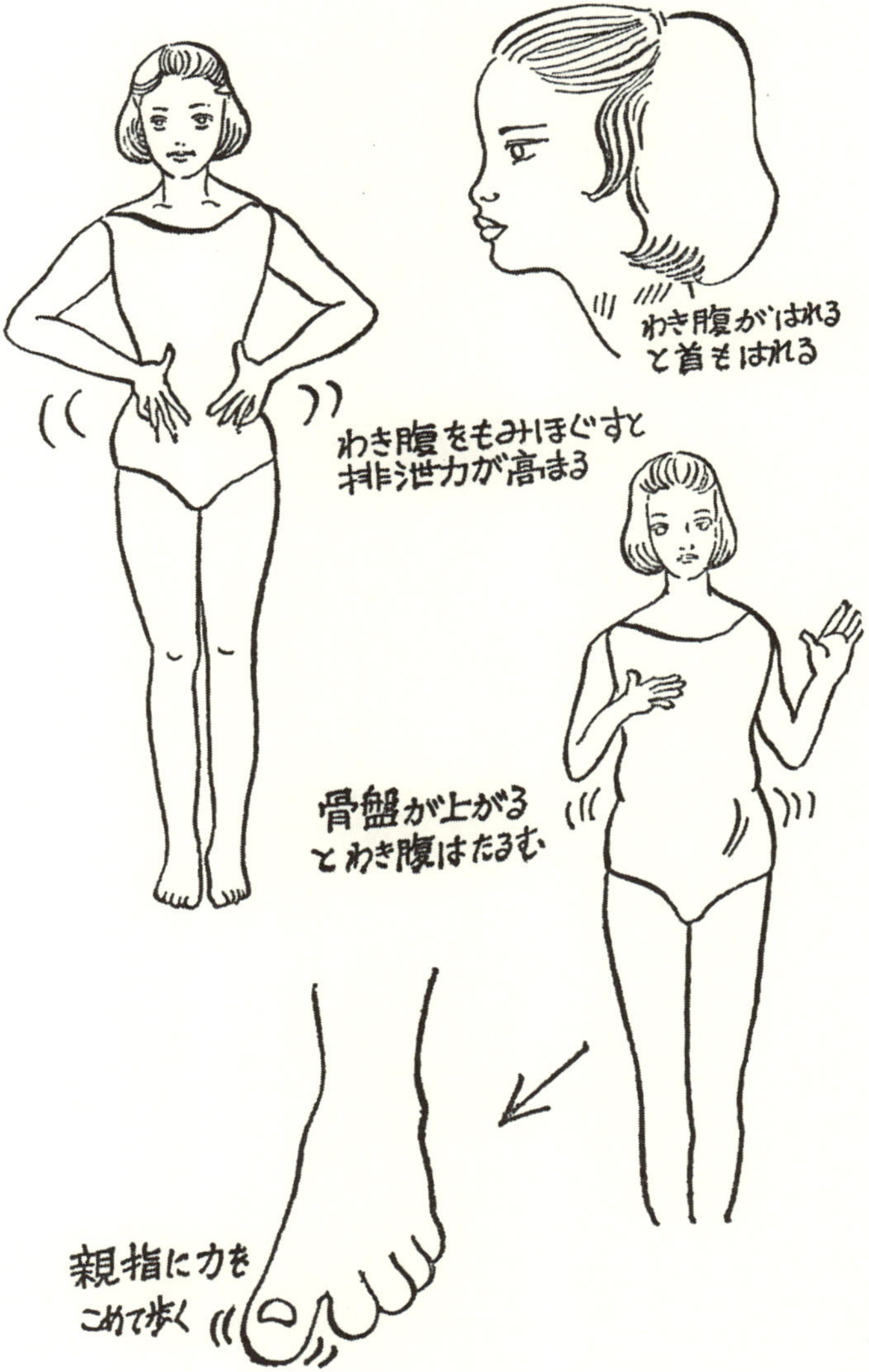
わき腹がはれる
と首もはれる
わき腹をもみほぐすと
排泄力が高まる
骨盤が上がる
とわき腹はたるむ
親指に力を
こめて歩く

バストアップ

肋骨が下がると、胸筋が下がり、当然乳房も下がってしまいます。それを防ぐには、ヒップに力を入れて背筋を伸ばし、肋骨を上げる必要があります。肋骨が上がり、肩が後ろにひかれれば自然に胸は上がって美しく見えます。腰から下を鍛えることがポイントです。

性ホルモンとも関係していますから、ホルモン分泌を正常にするために骨盤の開閉力をつけなければなりません。

バストを美しくする体操

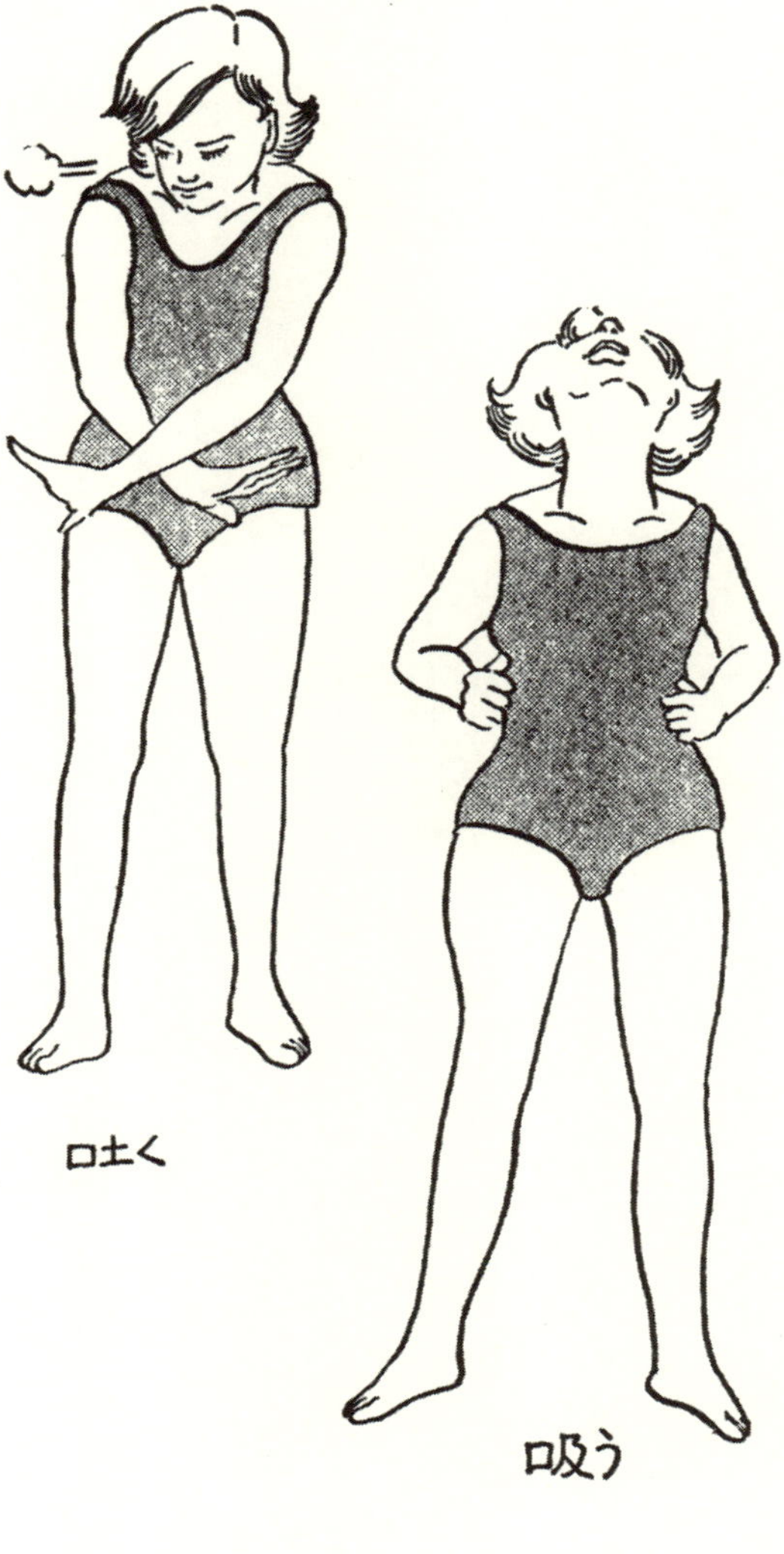

ヒップを美しく

ヒップをしめる力は腰の力、腹筋の力、足の力と比例します。ヒップを美しくする方法は、バストアップと同様に腰から下をよく訓練することです。

ヒップとバストは陰陽の立場でバランスをとっています。胸を張るとヒップはしまり、胸をすぼめるとヒップはゆるみます。また、ヒップの筋肉と顔の筋肉は関連しあっていて臀部がゆるむと顔の筋肉もゆるんでしわができます。血行も悪くなり、しみ、そばかすもでき、臀部が弱いと仙骨が離れるので、腰骨が弱くなり、このために白髪、ハゲになったりします。

ヒップをしめる方法は、恥骨をひき、骨盤を下げ腹筋をしめることです。この訓練をするとしわやしみがなくなってきます。ヒップがゆるんでいることは内臓もゆるんでいることであり肛門や膣のしまる力も弱いことを示します。

ヒップを美しくする体操

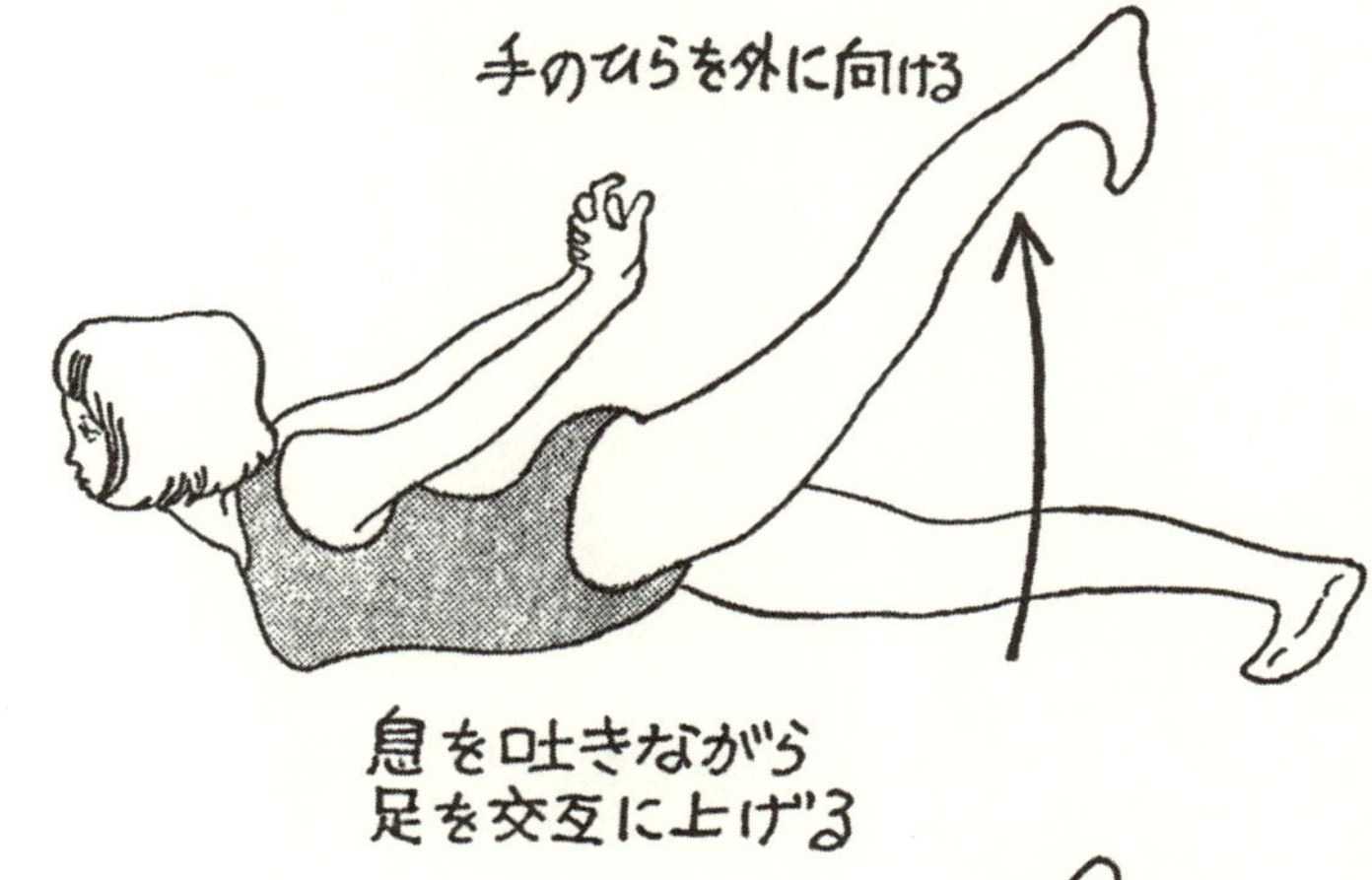

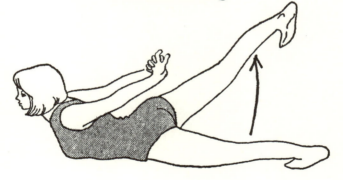

手のひらを外に向ける
息を吐きながら
足を交互に上げる

下腹のぜい肉をとる

ぜい肉は体の弱い部分につきます。下腹部の力と腰の力は、密接に関係しあっています。さらに腰の力は足の力と比例しています。ですから、関連した他の部分を強くしないと下腹部のぜい肉をとることはできません。

内臓がしまってくると腹筋もしまり、内臓がゆるむと腹もゆるみます。足の血行がよくなると腹の血行がよくなり、足がうっ血すると腹もうっ血します。血行がよければ足は暖かく、血行が悪いとしびれたりします。

足は腰の力、足首は首の力を表します。ヒザから上は、栄養および排泄状態を示します。栄養過剰の人や排泄の不完全な人は、大根足になってしまいます。腹がうっ血している人は、足もうっ血するので足がむくんできます。

首に異常があると足首が保護作用を行いますので、首の異常は足首で、足首の異常は首で治せます。足首を冷やすと鼻水が出てきます。アキレス腱が縮むと頭がボヤけてくるし、伸ばすと頭はスッキリします。頭が疲れた時に歩けば治るのは、アキレス腱が伸びるからです。扁桃腺炎でのどがはれている時でも、足首をしめ、足の血行をよくすると、はれがひいてきます。また足の血行がよくなれば、腹部の血行がよくなります。昔、中国で行われていたテン足は足に力が入るようにさせて、

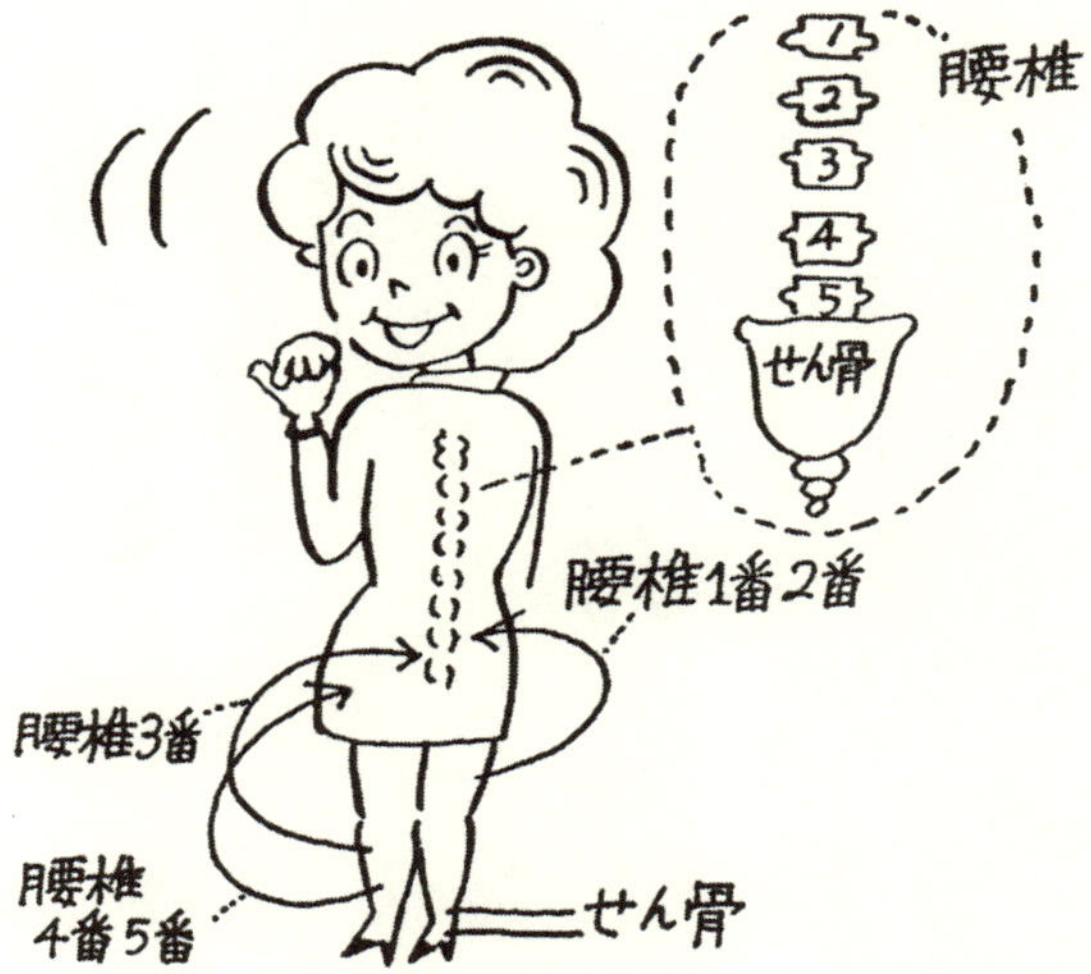

腹部、特に生殖器の発達をよくしたものです。

体質として、西洋人は足が細くなりやすく、東洋人は足が太くなりやすいという違いはありますが、太すぎるのはよくないのです。

ももの部分は腰椎一番、二番、ヒザは腰椎三番、ヒザから足首までは腰椎四番、五番、足首から下は仙骨とそれぞれ関係しています。だから、腰椎の異常から足に異常が起きますし、またその逆もあるわけです。腰を柔軟にして、腰椎の歪み、かたよりをとり、腰の筋肉を強くすることが、足を美しくするためには必要です。

扁平足を治す

扁平足は足への体重のかけ方が正しくないことが原因です。親指の力がなく、ヒザや足首の関節が弱くて、アキレス腱が縮んでいます。運動不足の人がベタ足になりやすいのですが、これが昔から扁平足は足が弱いと言われている理由です。だから治すには足の親指、ヒザの内側に力が入るような訓練をします。同時に関連している骨盤、つまりヒップをしめるような訓練も必要です。

土踏まずを足心といい、ここの力は腰腹力および首の力と正比例します。竹踏みがよいとされているのはこのためです。

土踏まずに力が入る姿勢が正しい姿勢で、このためにはヒザの内側に力がこもり、腰骨が伸びて骨盤が下がり、恥骨が引っ込んでおり、胸が張られ、アゴがひかれている安定姿勢を養う訓練が大切です。親指に力が入りアキレス腱を伸ばす工夫が土踏まずを強くする方法です。また土踏まずの力を高める刺激は足の血行をよくし、内臓のしめる力を強めます。

溺れた人を助ける時は、土踏まずを刺激します。すると水を吐き出し、水のたまった腹はひっこみます。

扁平足を治す

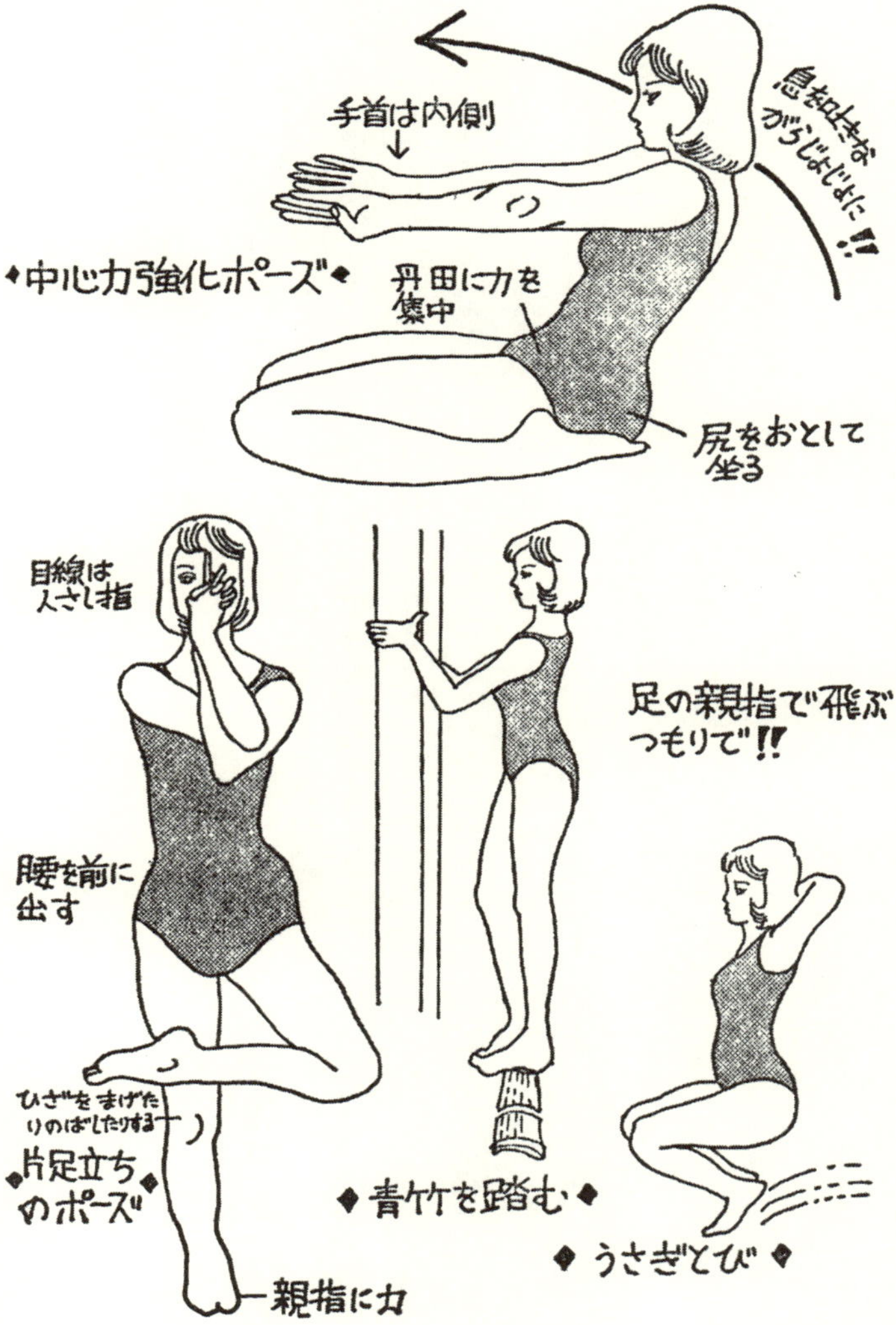
手首は内側
息を吐きながらじょじょに!!
◆中心力強化ポーズ◆
丹田に力を集中
尻をおとして坐る
目線は人さし指
腰を前に出す
ひざをまげたりのばしたりする
◆片足立ちのポーズ◆
親指に力
◆青竹を踏む◆
足の親指で飛ぶつもりで!!
◆うさぎとび◆

2 あなたの悩みを解消するヨガ

太っている悩み

太りすぎに悩む女性は多いようです。確かにやせて美しくなりたいということは女性の永遠の願いでしょう。しかしただやせればそれでいいでしょうか。せっかくやせても病気になったら困ります。またやせたのにかえって魅力がなくなった、というのでも困ります。

もともと女性には、もっともその人が魅力的に見える体型があります。そして、それがその人の自然な体なのです。自然の体をしていれば、あなたの体は軽くなり、気分的にも楽しくなります。また「太ってるね」と言われることもなくなるはずです。

もし今、体が重くて、やる気も充実していなかったら、本来の体より太すぎている証拠です。さっそく、やせる体操をして、自然の体をとりもどしましょう。

前は太っていなかったのに、スポーツをやめてからあるいは就職をしてから急に太ったというふ

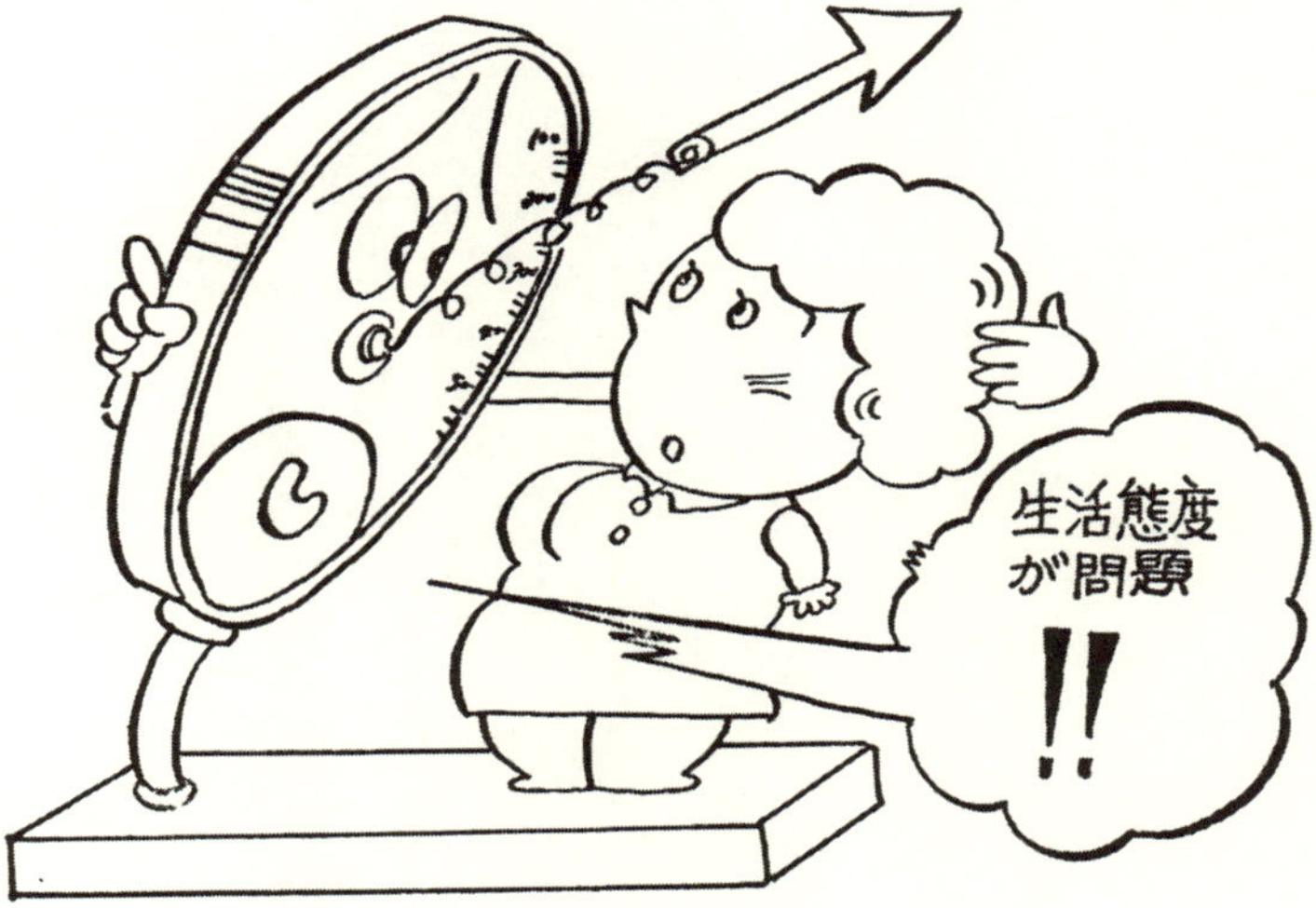

うに、生活に何らかの変化があって太った人たちは、かつて太っていなかったときの快適さを知っているので、たいていはやせる努力をします。ところが、ぜい肉をいっぱいつけていながら、「私は太る体質だから」ですませている人が多いのには驚きます。

太る体質というのは確かにありますが、ぜい肉がいっぱいついていることまで体質のせいにされてはかないません。ぜい肉があるのは生活態度に問題があるのです。

いつもこまめに体を動かす習慣をつけましょう。

やせるヨガ体操1

① あおむけになり、両足は腰幅に開く。両手は伸ばし、手の甲を合わせる。

② 足の親指を内側に向け、できるだけ床につけるようにする。

③ 息を吸って吐きながら、足先も手もさらに内側にねじりながら起き上がる。(起き上がれなくても、反動をつけたりしない。起きあがろうとするだけでよい)

〈効果〉脚と腹のぜい肉をとる。

やせるヨガ体操2

① あおむけになり、両手を首のうしろで組み、足の親指どうしをくっつけるように内側に向ける。

② 両ヒジを顔のまえでつけて、息を吐きながら上体と足をおこし、V字をつくる。

③ ②の姿勢で深呼吸をして耐える。

〈効果〉腹部の皮下脂肪をとる。

やせるヨガ体操1

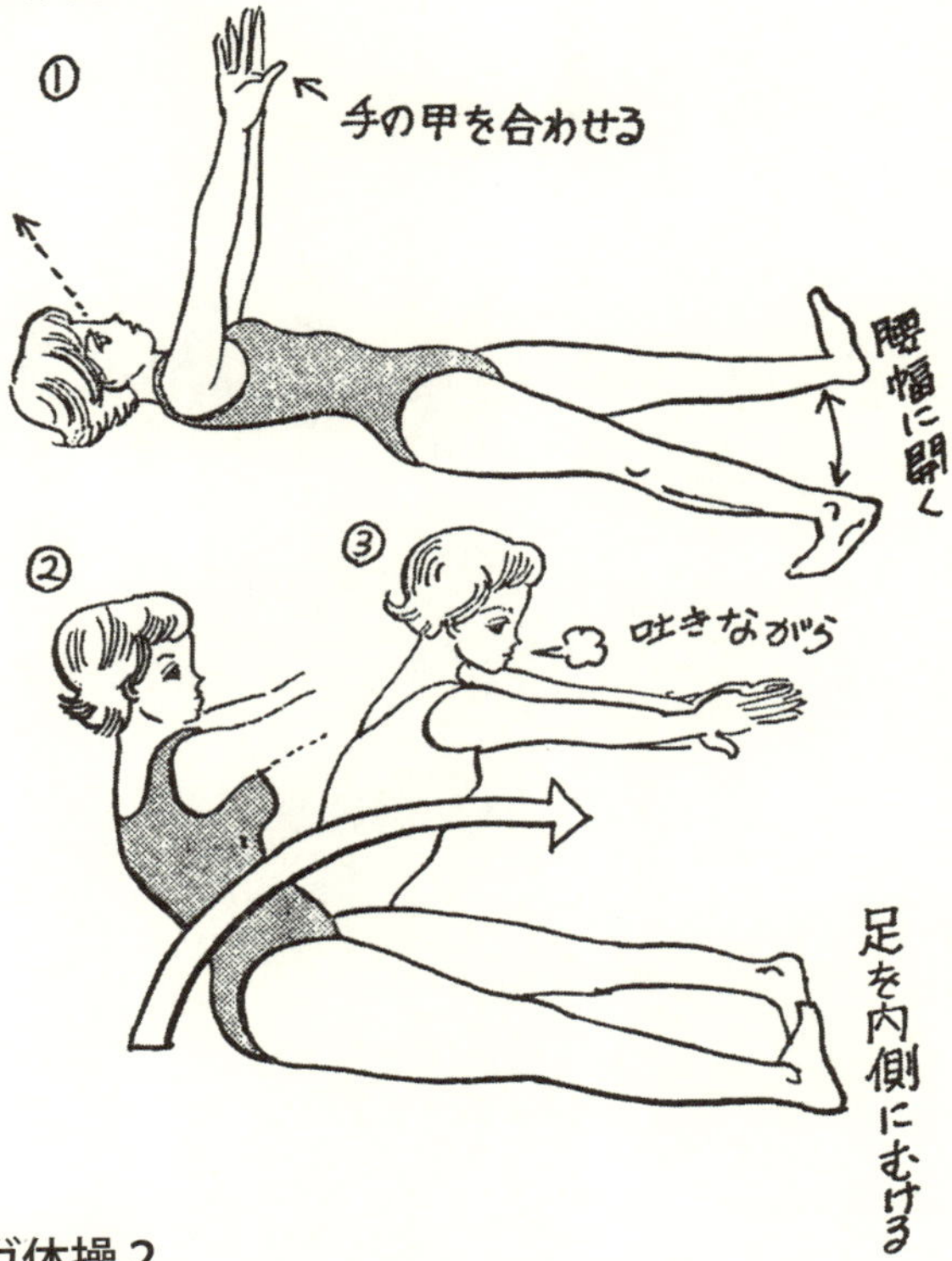

やせるヨガ体操2

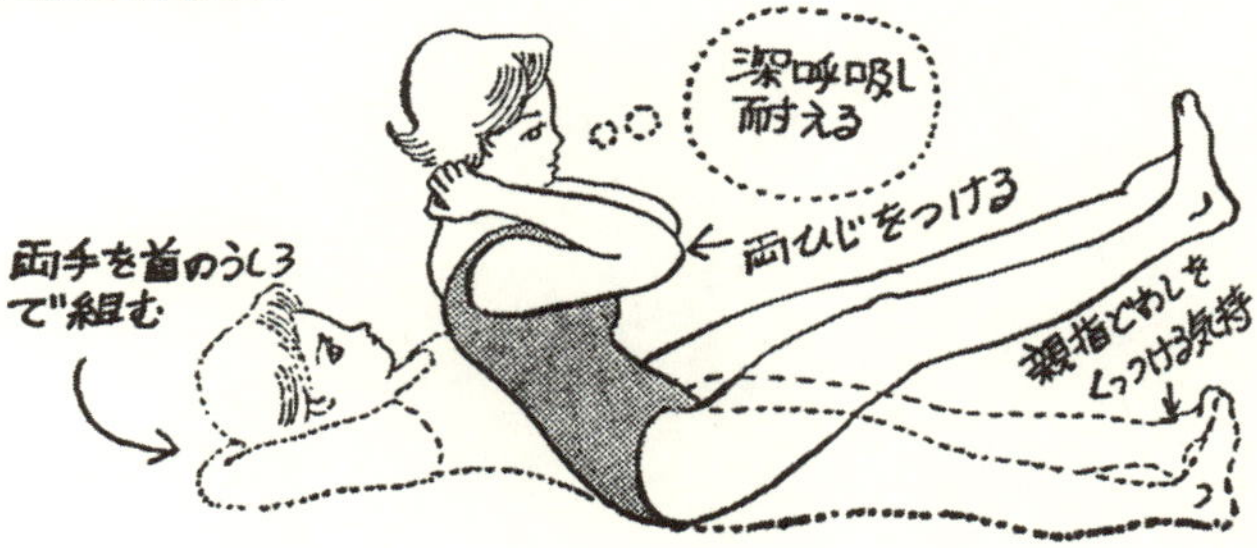

やせるヨガ体操 3

① あおむけになる。ヒジで上体を支えて、胸を上げる。足は親指をつけてかかとを開く。
② 息を吸って吐きながら、胸を高くあげ、アゴをつきだす。
③ 息を吸いながら足を上げ、吐きながら下げる。これをくり返す。
〈効果〉食癖、猫背をなおす。

やせるヨガ体操 4

① 座って結跏趺坐《けっかふざ》を組み、親指を中に入れてこぶしを作り、ヒジを脇につけ胸をはる。
② 息を吸って吐きながら片ヒジずつ床につける。
③ 息を吸って吐きながら頭をそらせて床に頭のてっぺんをつける。
④ 息を吸いながらヒザを床から浮かし、吐きながら床近くまで下げる動作をくり返す。
〈効果〉脚と下腹部のぜい肉をとる。

やせるヨガ体操３

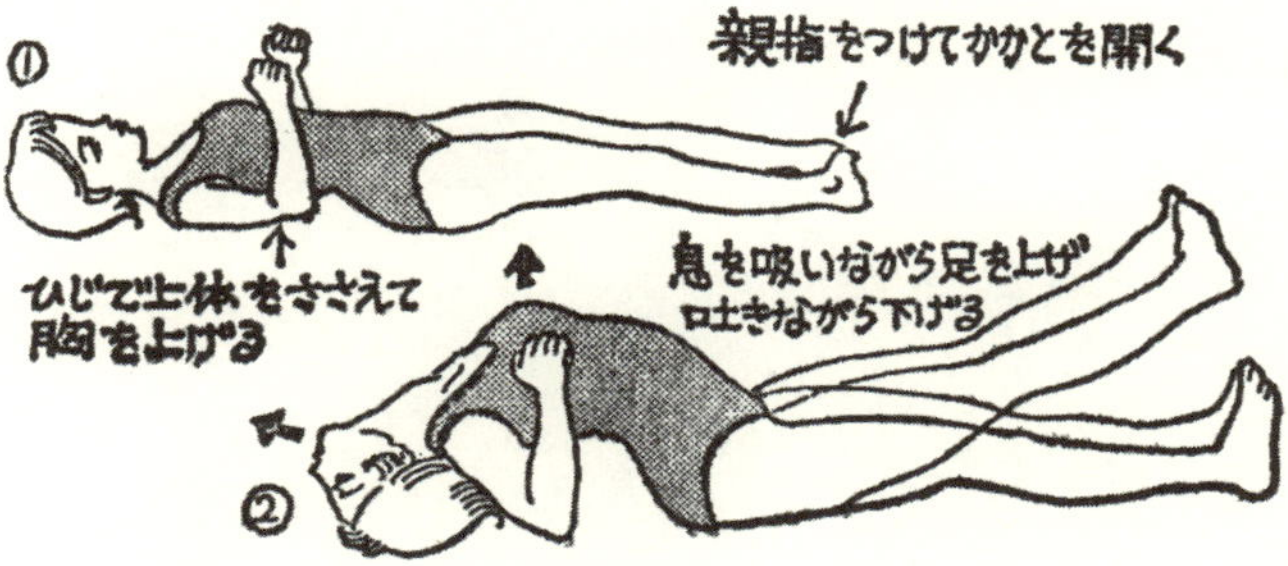

やせるヨガ体操４

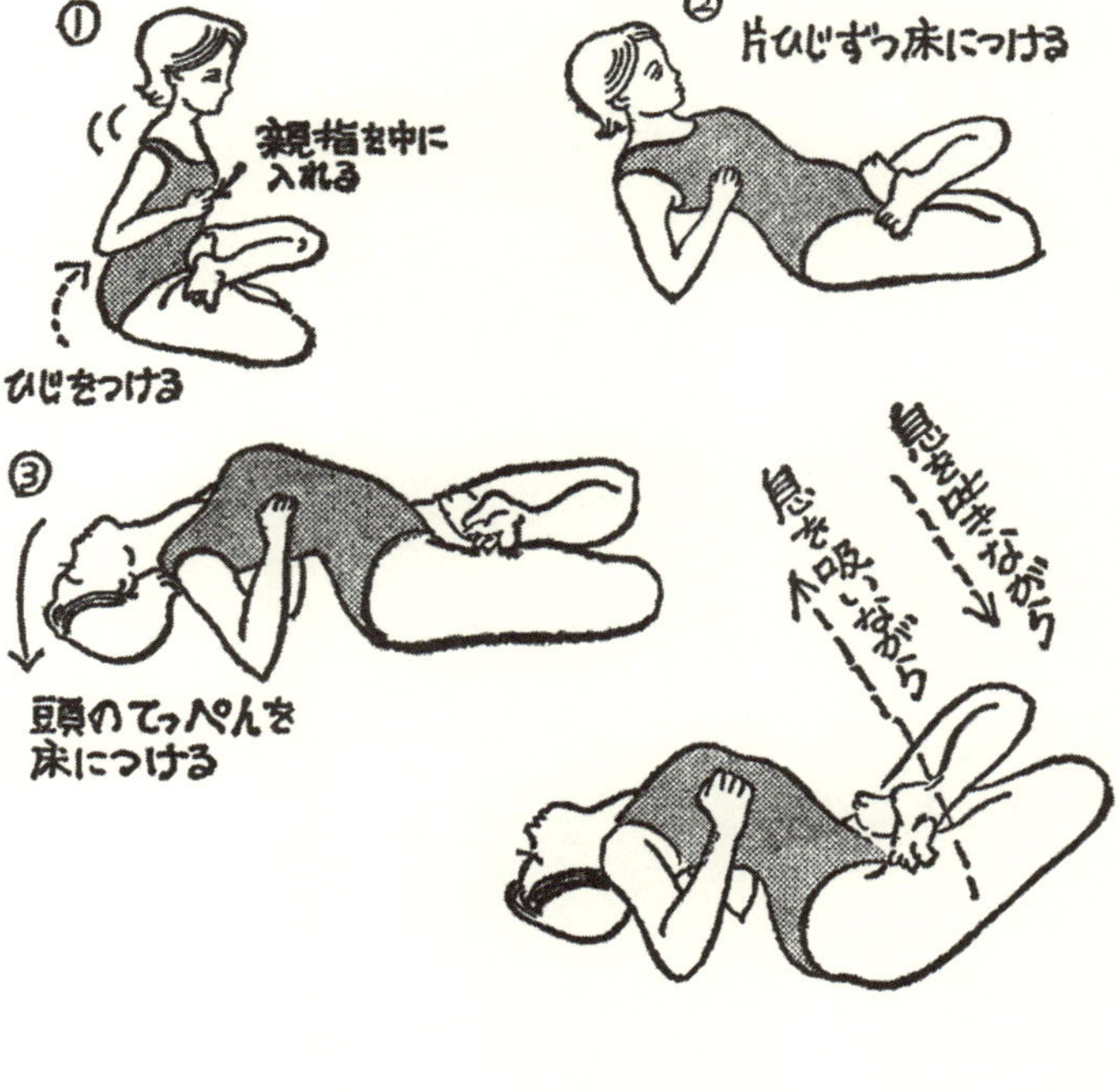

やせるヨガ体操5

① あおむけになり、両手を首の後ろで組み、足は親指どうしをつけるように、内側に向ける。
② 両ヒジを顔の前でくっつけ、息を吐きながら、下腹をへこませて起き上がる。
③ 息を吸いながら、もとに戻る。
〈効果〉上胸部と肩を小さくする。

やせるヨガ体操6

① 足は結跏趺坐を組み、後頭部を床につけ、両手とヒジで体を支えながら腰を上げる。体は床に垂直に保つ。
② 息を吸って吐きながら、足をもちあげる。
③ 息を吐きながら左にねじり、吸いながら中央に戻し、吐きながら右にねじる。
〈効果〉不要な皮下脂肪が除かれる。

やせるヨガ体操５

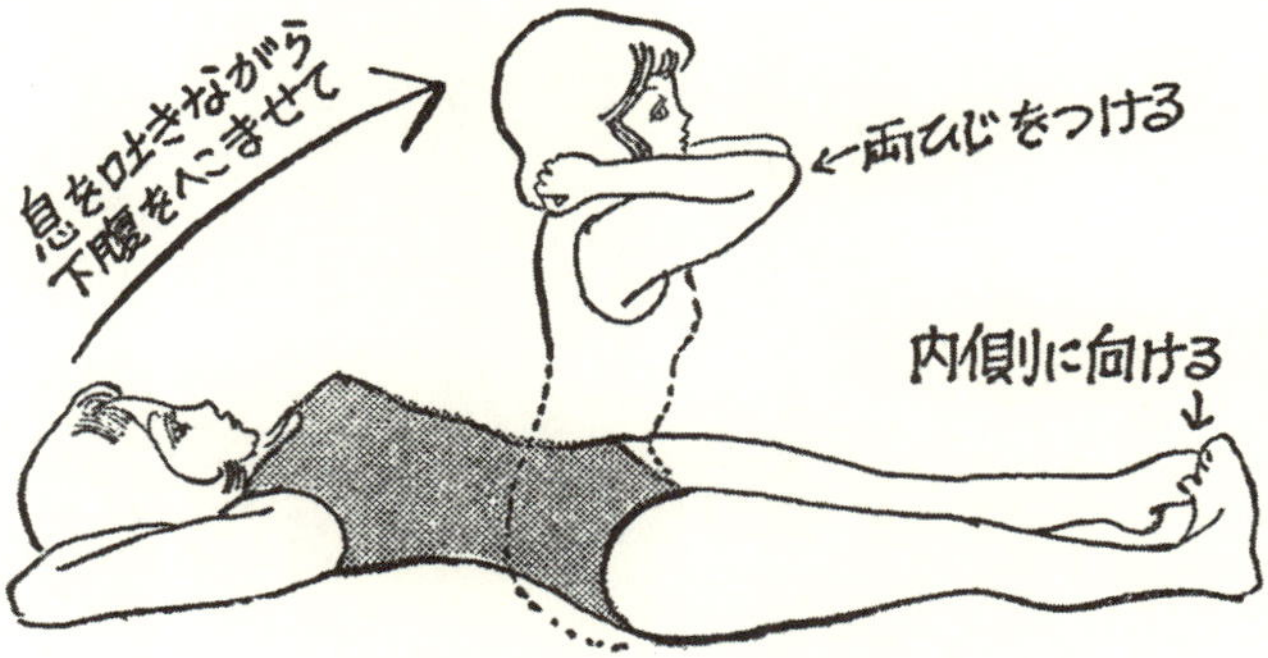

やせるヨガ体操６

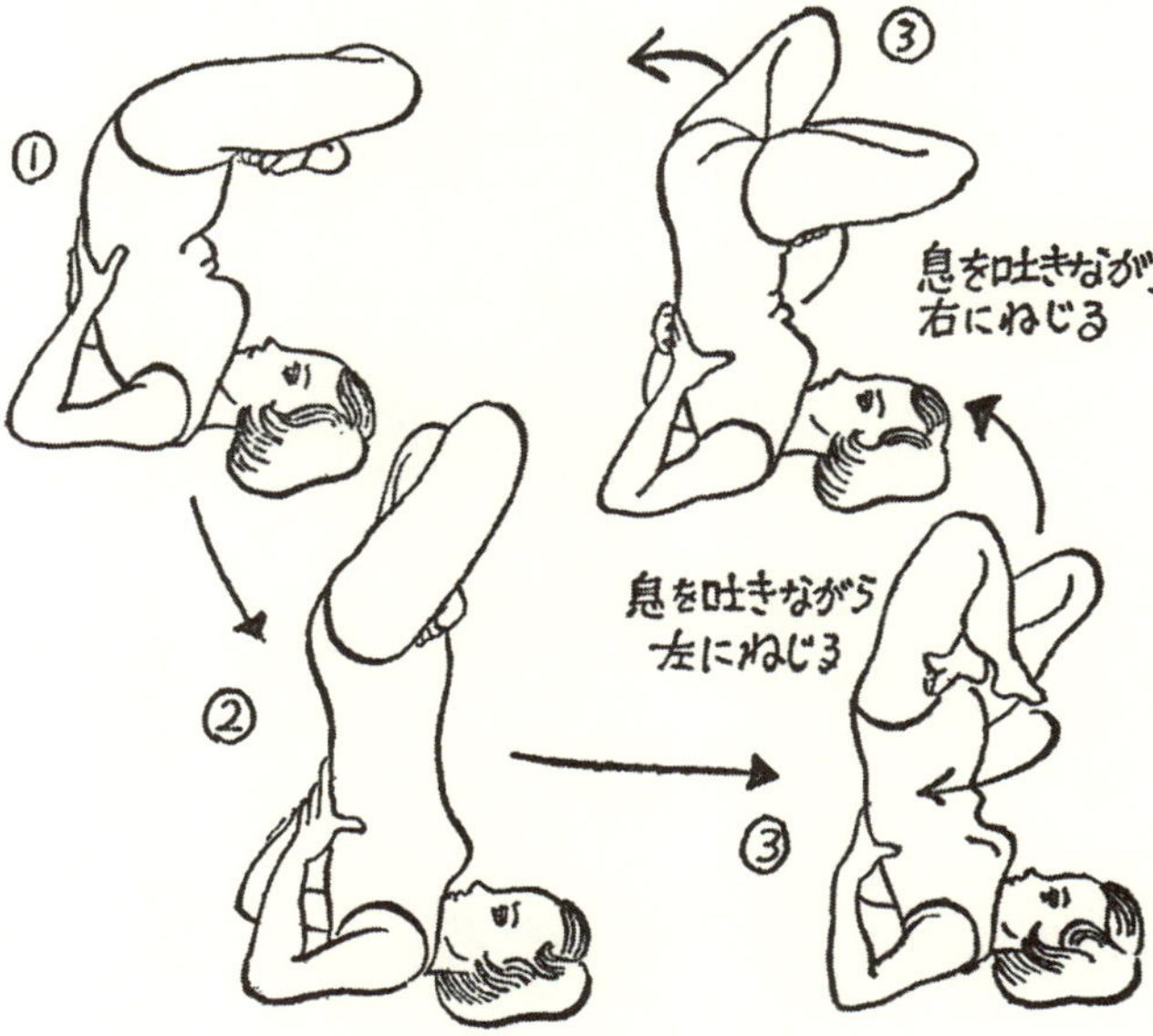

やせるヨガ体操7

①　四つんばい（つま先はたてる）になり、胸を床につけ、両手をアゴの下に置く。
②　息を吸って吐きながら、尻を横に倒し、吸いながら中央へ戻す。（両ヒジは浮かせない。できるだけ速く左右に倒す。尻を倒したとき、倒した尻を見ようとする）
〈効果〉体全体がひきしまる

やせるヨガ体操8

①　うつぶせになり、ひたいを床につける。両手は内側から両足首をもつ。ヒザはぴったり合わせる。
②　息を吸って吐きながら、両手で、両足を持ち上げ、上体も強くそる。
③　息を吸いながら、少し力をゆるめ、吐きながらさらに持ち上げ、そる。（両ヒザは必ずつけたまま行う）
〈効果〉腹部と臀部のぜい肉をとる。

やせるヨガ体操7

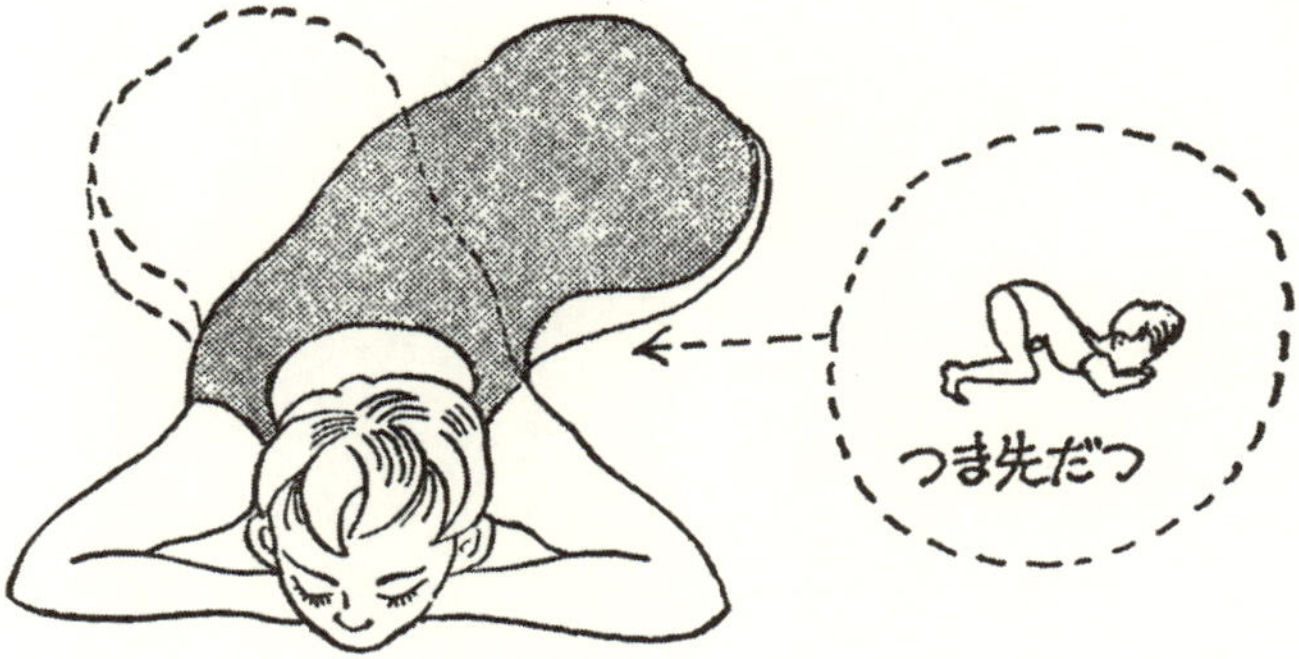

やせるヨガ体操8

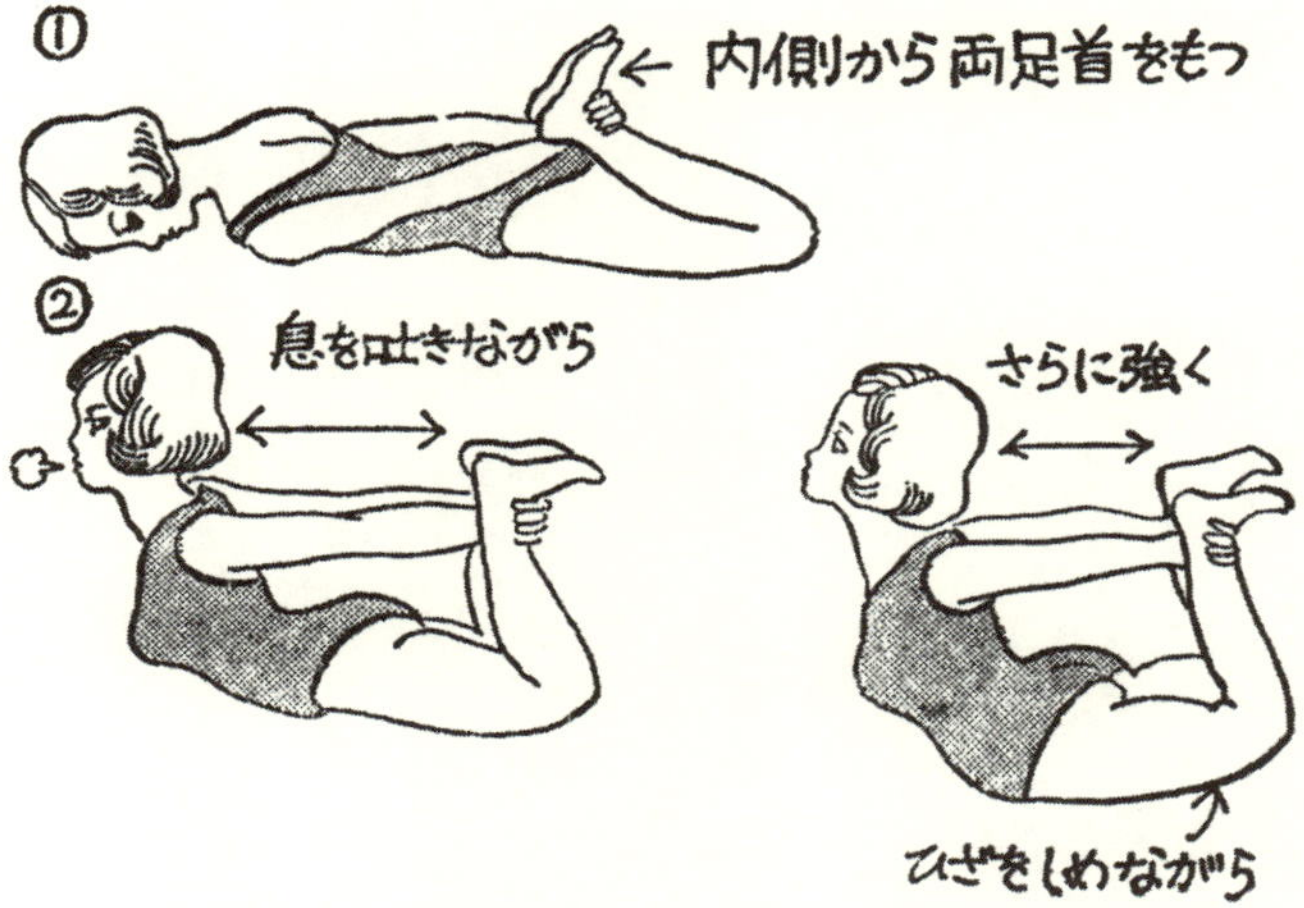

やせるヨガ体操9

① うつぶせになり、両手両足を十分に伸ばす（手のひらは下向き）。
② 息を吸って吐きながら、両手と上体をそらし、ヒザを曲げずに両足を十分に上げる。
③ 息を吸って吐きながら右手右足をさらに上げる。左手右足、右手左足、左手左足と組み合わせを変え、くり返す。
④ 息を吸って吐きながら、②の姿勢からシーソーのように前後をゆする。
〈効果〉臀部と背筋をしめる。

やせるヨガ体操10

① 手を後頭部に組んで足を開き楽に立ちます。
② 息を吐きながら、両ヒジをぐっとはる。
③ つま先を外に開きながら（かかとを軸にする）ヒザを曲げて、上体が前屈しないようにまっすぐにしたまま腰を下げてゆく（息を吐く）。
④ 急に上げてまた下げる。
〈効果〉臀部をひきしめ、胸を豊かにする。

やせるヨガ体操9

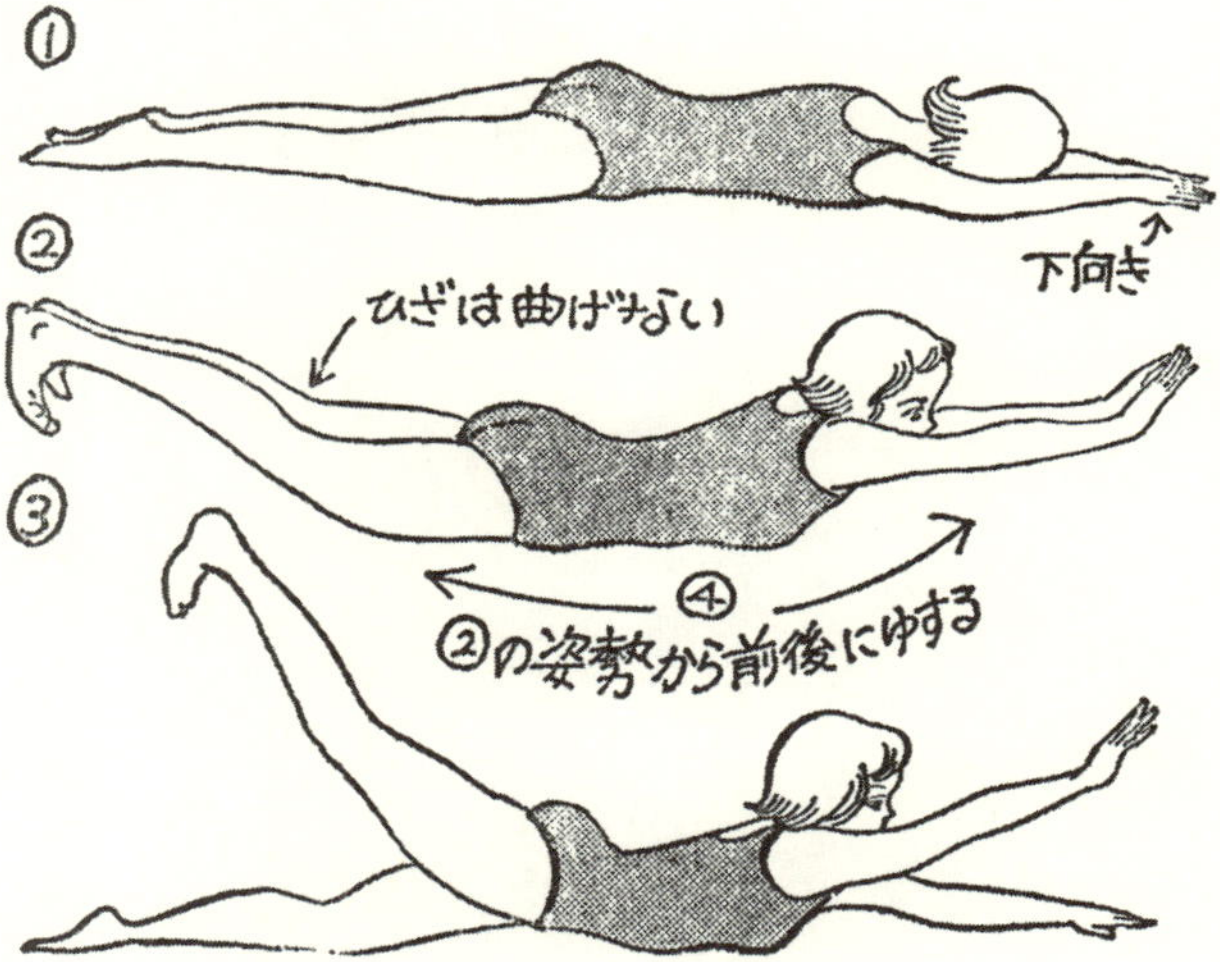

やせるヨガ体操10

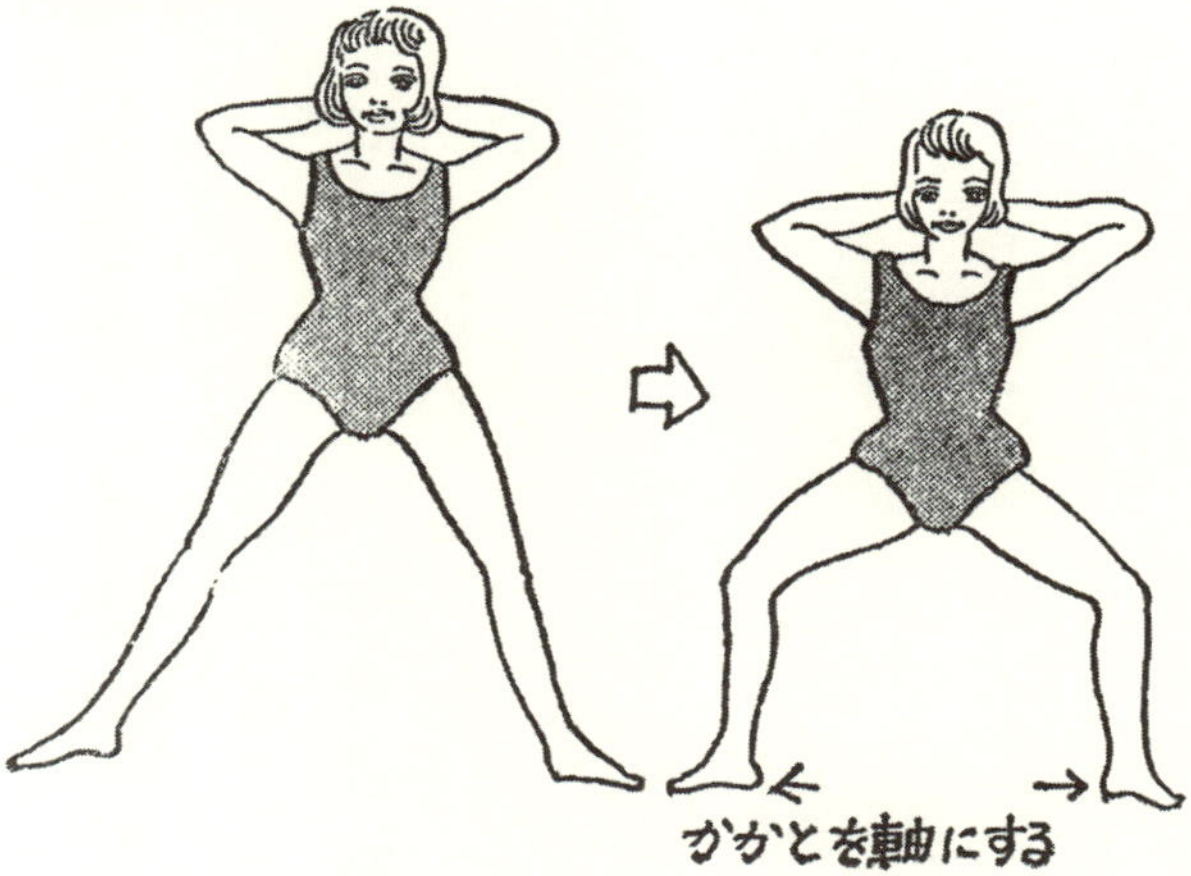

やせるヨガ体操11

①　うつぶせになる。
②　手を後ろで組み返し、ぐっと手を上げ、できるだけ頭に近づける。
③　上体、両足をあげぐっとそる。
④　両足を交互に息を吐きながら、上下にふる。
〈効果〉臀部のぜい肉をとり、ヒップアップする。

やせるヨガ体操12

①　正座をし、足の間に尻をおとして（わり座）、あおむけにねる。
②　両手で足首をつかみ、息を吐きながら上体をゆっくりとおこす。
〈効果〉肩・首・胸のラインをきれいにする。

やせるヨガ体操 11

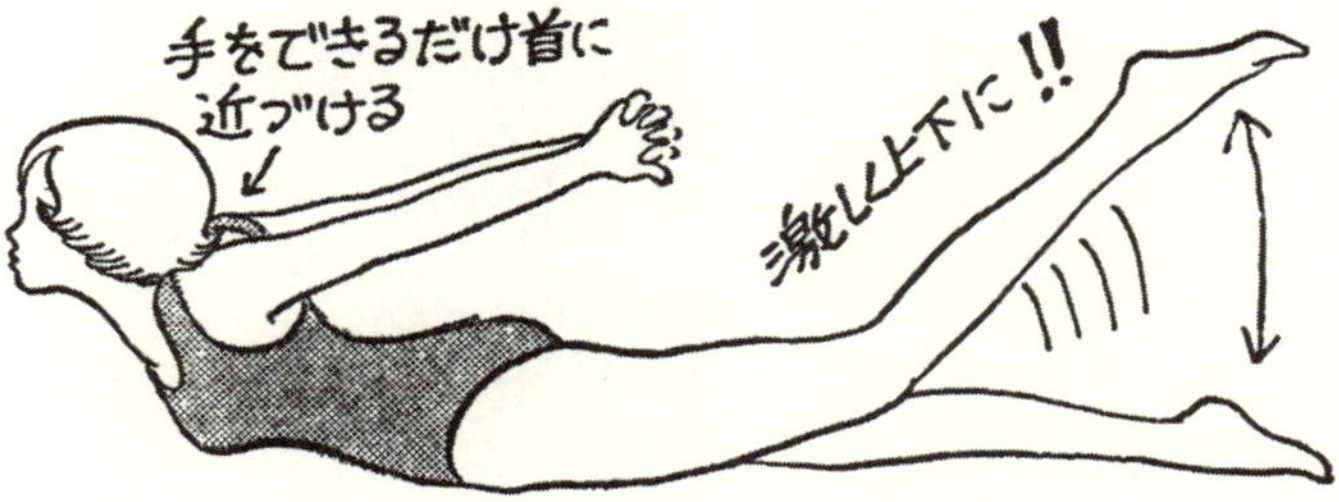

やせるヨガ体操 12

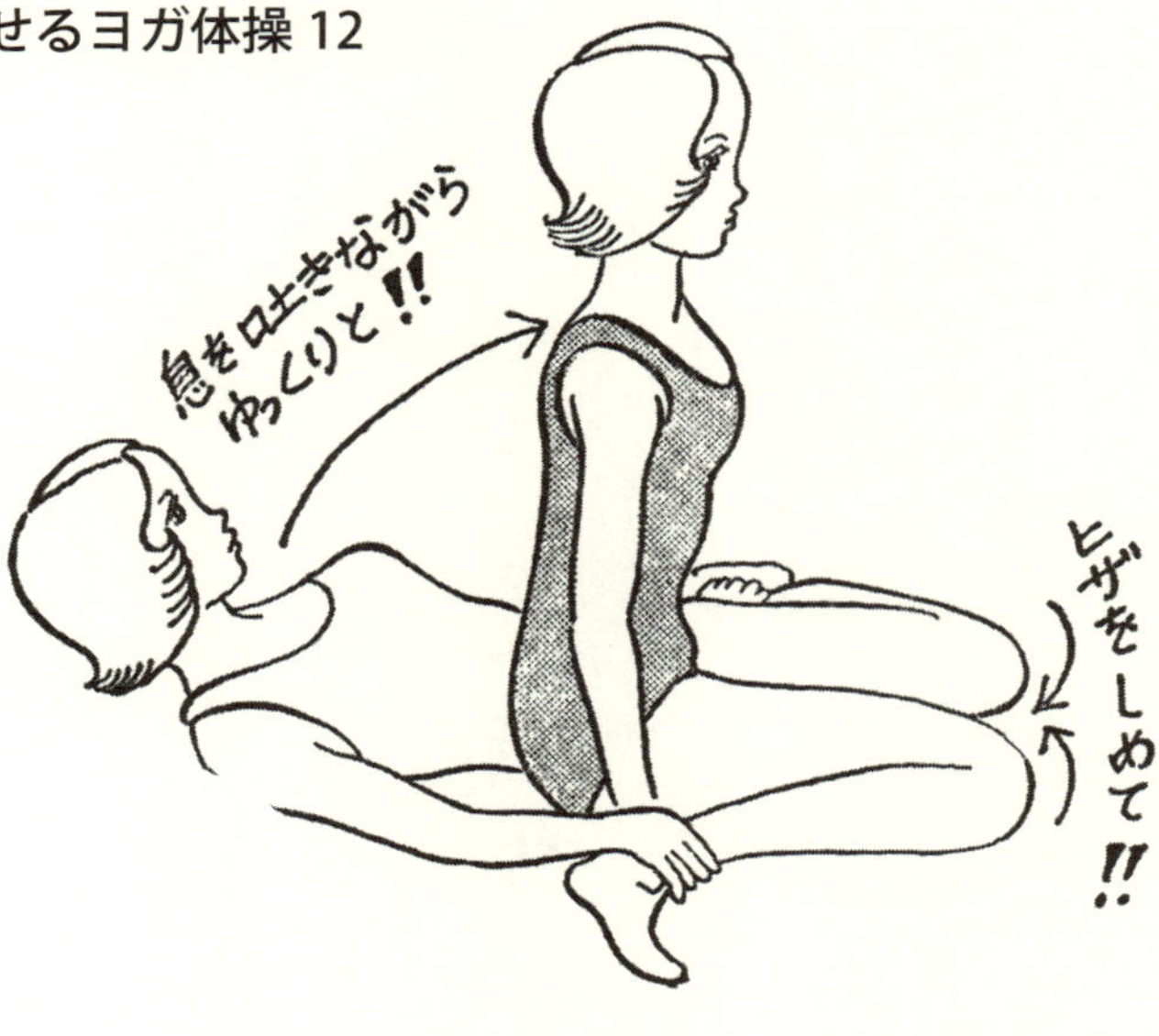

やせるヨガ体操13

① うつぶせになり、両手先を内側に向け、ヒジを横に張る。足はつま先を内側に向けて両足の甲を床につける。
② 息を吸って吐きながら、腕立てふせをくり返す。
〈効果〉全身をしめる。

やせるヨガ体操14

① 足を腰幅の倍くらい開いて立つ。手は真横に伸ばす。
② 右足のつま先を外側に向ける。
③ 息を吸い、吐きながら体を右に曲げる（右手は右足首をつかみ、左手は真上に伸ばす）。この時は左手をみる。
④ 息を吸い、吐きながら左手を耳につくところまでもっていく。（この時は正面を見る）
⑤ 静かに息を吸いながら戻し、逆を行う。
〈効果〉わき腹のぜい肉をとる。

やせるヨガ体操 13

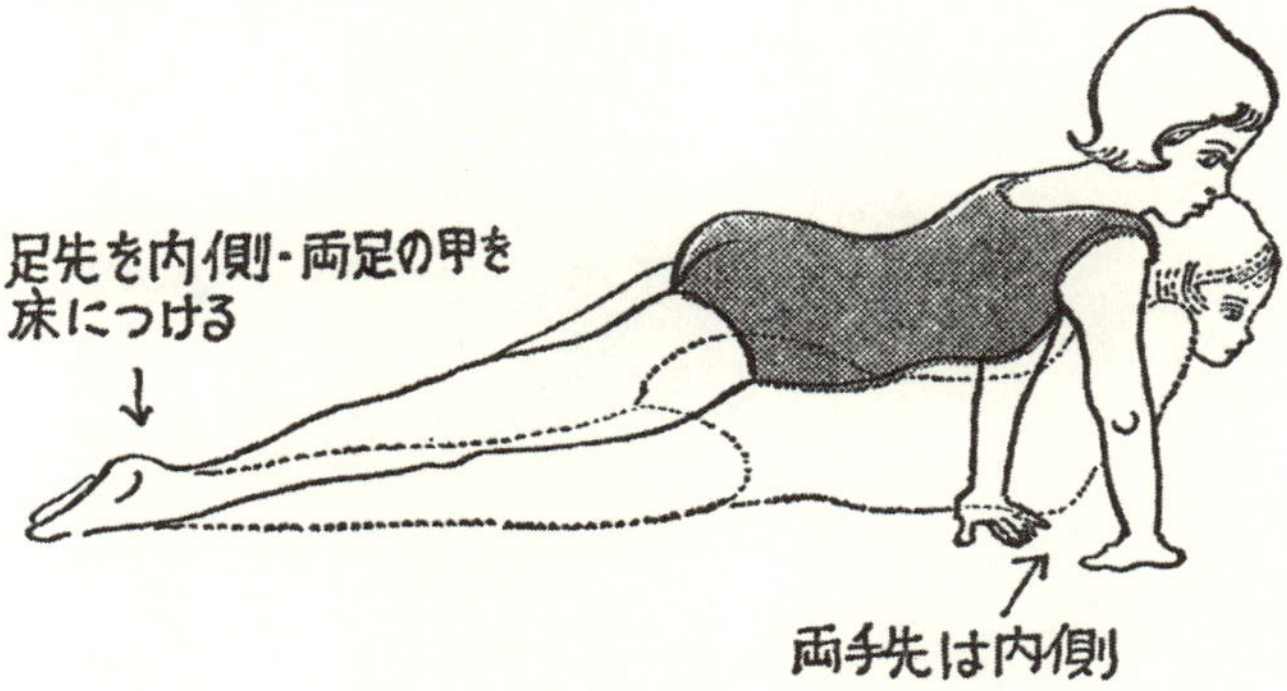

やせるヨガ体操 14

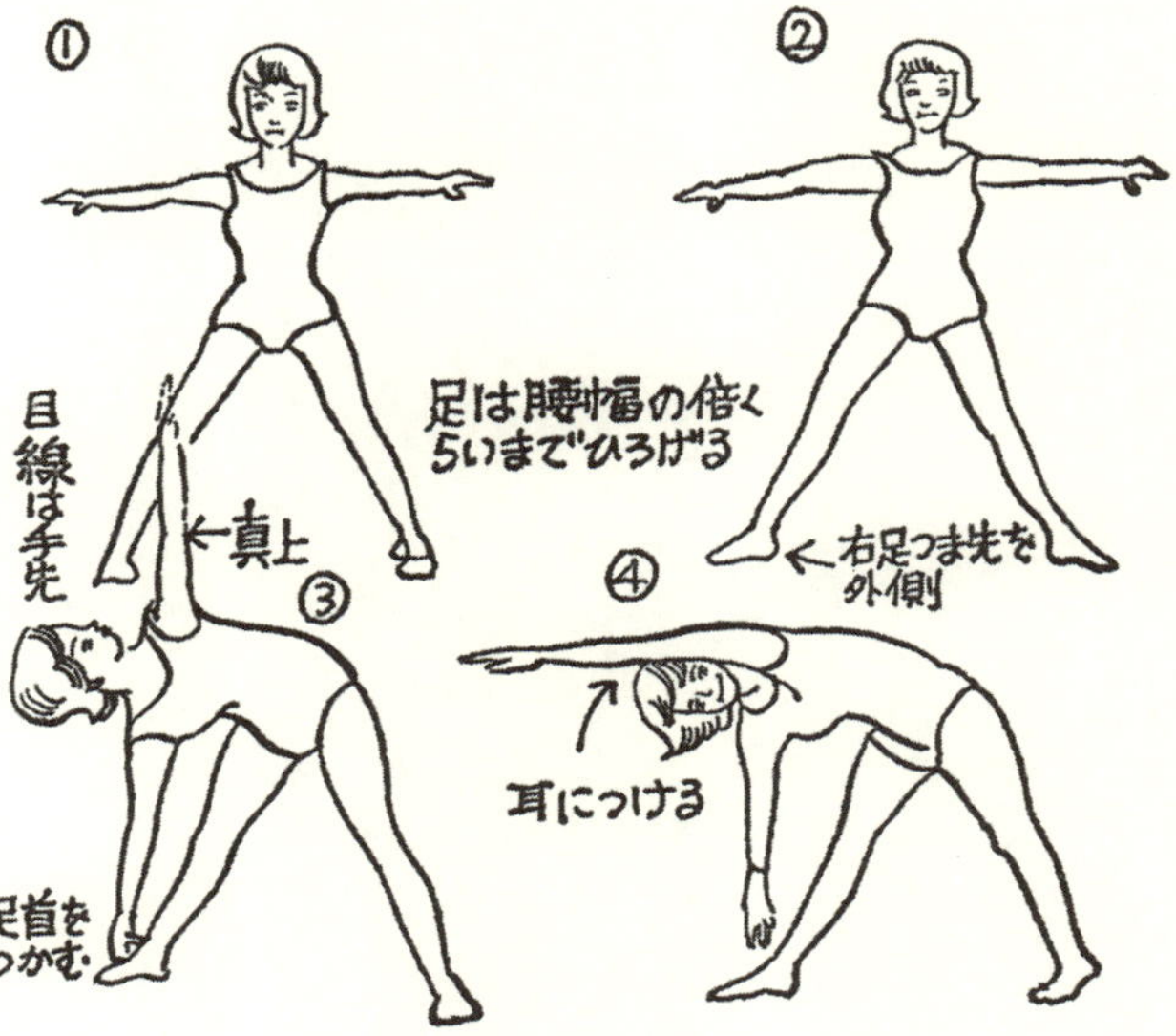

やせるヨガ体操15

① 足を開き、手を真横に伸ばして立つ。

② 息を吐きながら上体を斜め下に曲げ、左手で右足首をつかむようにする。（右手はまっすぐ天井をむく）

③ 息を吸い上体を①にもどし、息を吐きながら、右手で左足首をつかむまで倒す。

〈効果〉全身をひきしめる。

やせるヨガ体操16

① 両足を腰幅に開いて立ち、手は後ろで組んで返す。

② 足の親指を内側に向け、ヒザをくっつける。

③ 息を吸って吐きながら、ヒザをつけたまま腰をできるだけ落としていく。

④ 息を吸いながら、②の姿勢に戻す。

〈効果〉背中のぜい肉をとり、内股をひきしめる。

やせるヨガ体操 15

やせるヨガ体操 16

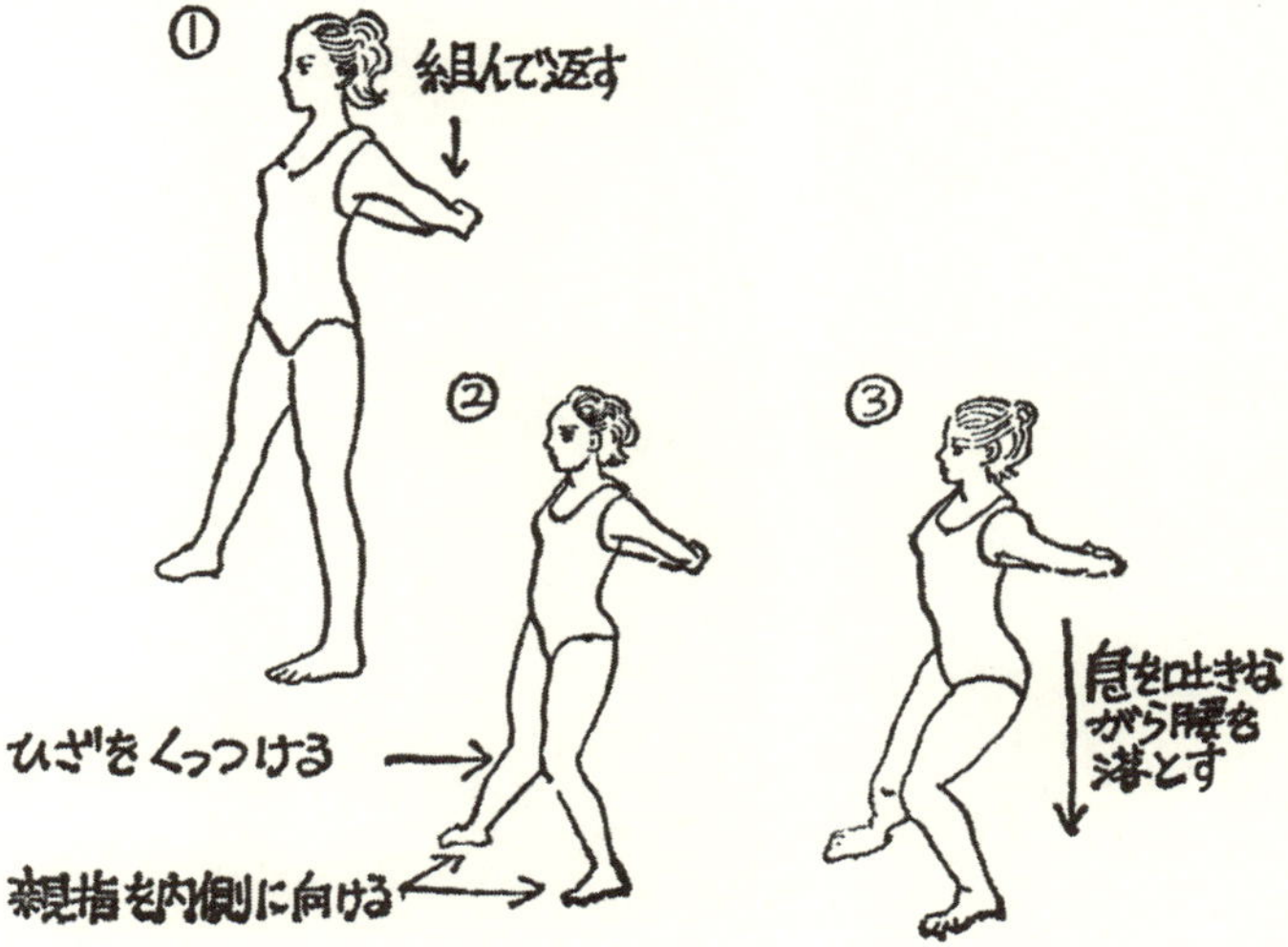

やせるヨガ体操17

① あおむけになり、アゴをひく。

② 両手を首の下に入れて組む。両足は親指をつけてかかとを開き、六十度に上げる。

③ できるだけヒザを伸ばしながら両足を上下、左右にふる。

〈効果〉下腹部の血行不良を解消しそのぜい肉をとる。

やせるヨガ体操18

① あおむけにねる。両足を十分に開き、つま先を内側にして床につける。

② 肋骨を両手で閉めながら上体を起こす（上体を起こしながら息を吐きます）。

※注意　太りたい人は、つま先を外側へ倒し、手を外側にねじって同じ動作をするとよい。

〈効果〉内臓の働きを高め、骨盤の開閉力の修正をする。

やせるヨガ体操 18

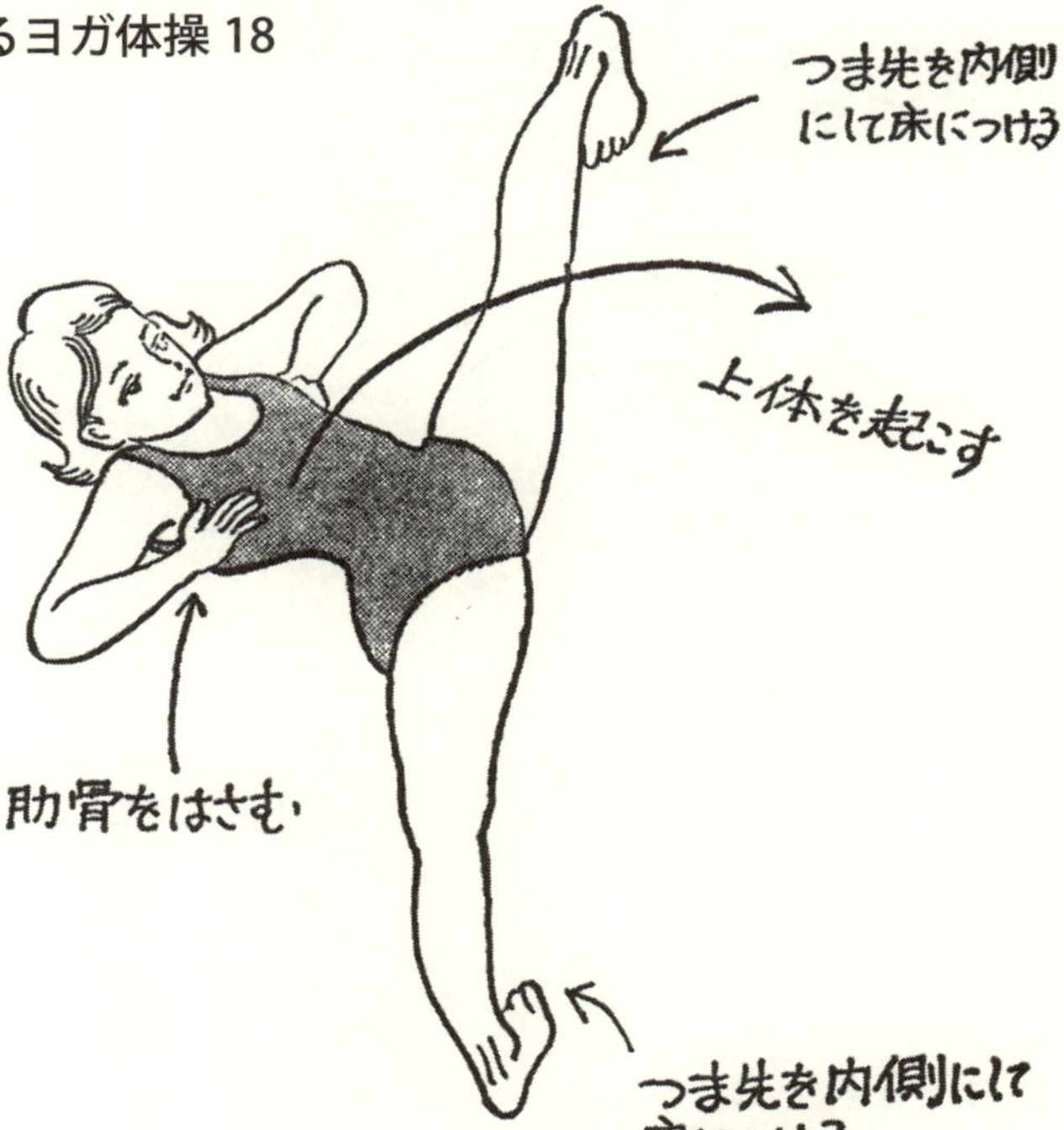

やせるヨガ体操 19

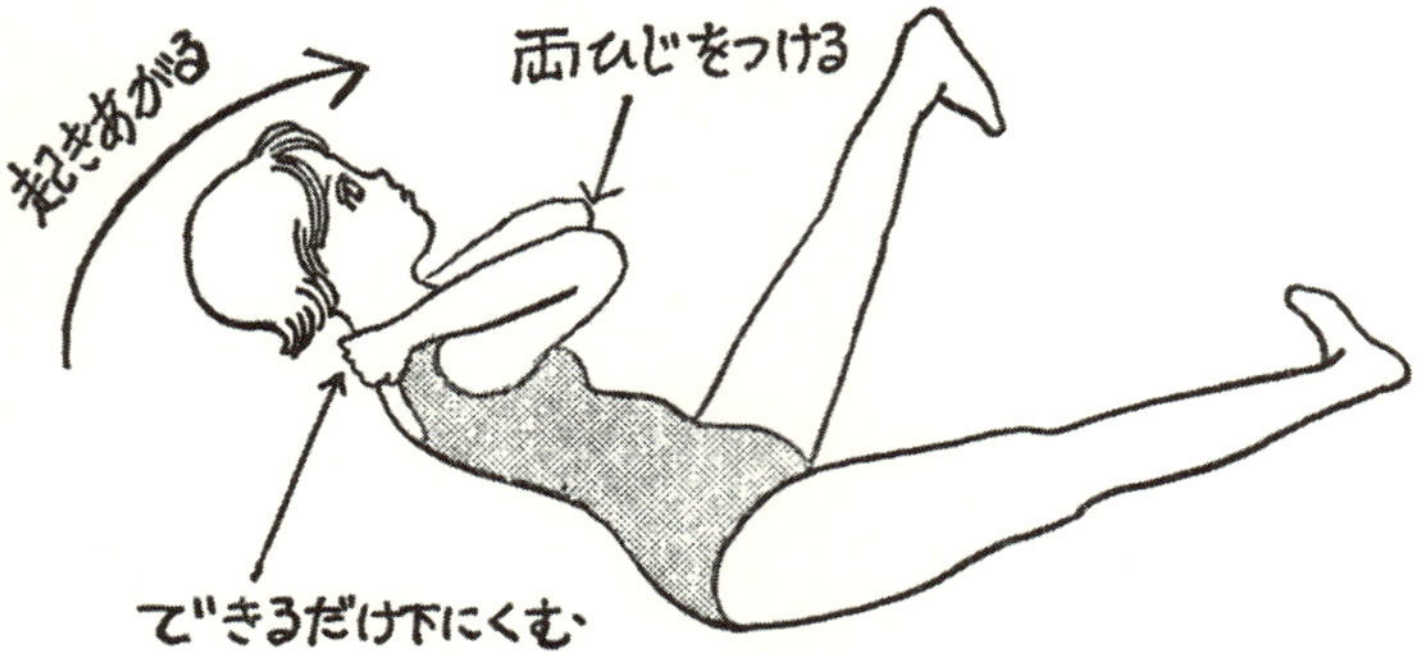

やせるヨガ体操 19

① あおむけになり、足を十分に開く。
② 両手は首の後ろで組む。
③ 足はつま先を内側にして床につけます。
④ 両ヒジをつけて、上体を起こす。（首をもち上げるようにして起き上がる）

〈効果〉首の血行をよくし、甲状腺ホルモンの働きを促し女性らしさをつくる。

便秘の悩み

一日一回排便しているから便秘でないとはいえません。下痢の時は食事をそうとらなくても排便の回数が多いでしょう。つまり日頃完全に排便していないのです。体の中に便（老廃物）がたまっている状態を便秘というのです。

便秘は万病のもとといわれ、原因としては第一に体にあわないものを食べていること、次に腸、肝臓、胃の異常が考えられます。特に腸の異常としては、腸がたるんでいる、縮んでいる、無力化している、移動している癒着しているということが考えられます。

次の体操によって、腸の異常が治り、腰腹部の血行が促進され、神経とホルモン、内臓などのはたらきが盛んになり、排泄能力も高まります。

排便促進ヨガ体操１

①　両足を大きく開いて立つ。アゴをあげて息を吸いながら、手を組んで手のひらを上にして頭の上へ伸ばす。

②　息を吐きながら、アゴをあげた上体を前に倒して（背筋は伸ばしたまま）、ヒザを曲げずに体を右回転させる。

③　上体、首とも後ろへそる。息を吐き続けながら元の位置に戻す。

④　左側にも回転する（意識は骨盤に集中する）。

排便促進ヨガ体操２

①　あおむけになり、アキレス腱は伸ばす。両手で右足のヒザを胸につけるようにかかえ、息を大きく吸う。

②　息を強く吐き出しながら、ヒザを胸に押し込むように起き上がる。左足はアキレス腱を強く伸ばす。

③　反対側の足も行う。

排便促進ヨガ体操1

排便促進ヨガ体操2

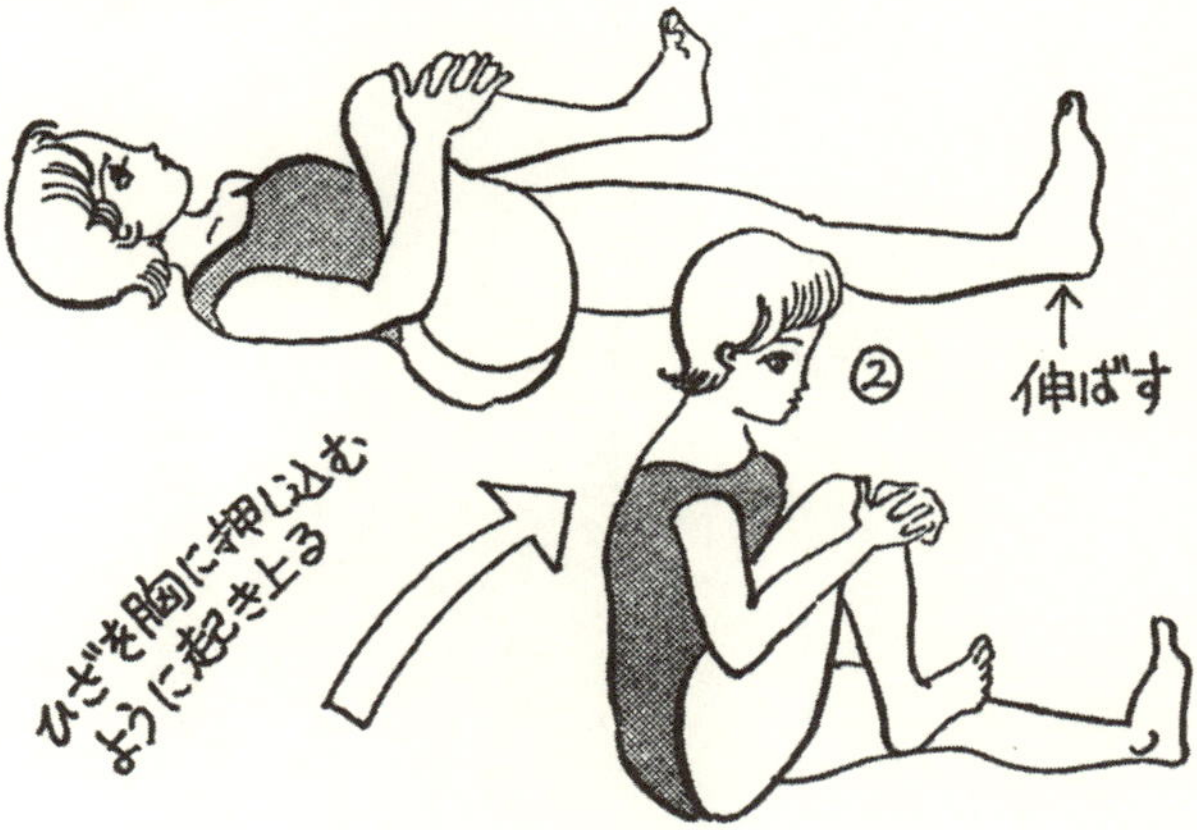

排便促進ヨガ体操３

①　うつぶせになり、足を大きく開き、つま先でささえて、手は肩幅にヒジを伸ばし、床と垂直に保つ。腰は十分に落とす。
②　息を吐きながら、上体と首を右にねじり、左かかとを見る。（かかとは左側床に倒す）
③　②と反対にねじる（この運動は速くくり返し、ねじってもとの位置にもどるとき息を吸う）。

排便促進ヨガ体操４

①　両足を大きく開き、上体をまっすぐにしたましゃがむ。（手はヒザにつける）
②　強く息を吐きながら左ヒザを右足かかとの床につける。顔は左後方にむける。
③　逆も行う。
④　②③を交互に速くくり返す。

排便促進ヨガ体操３

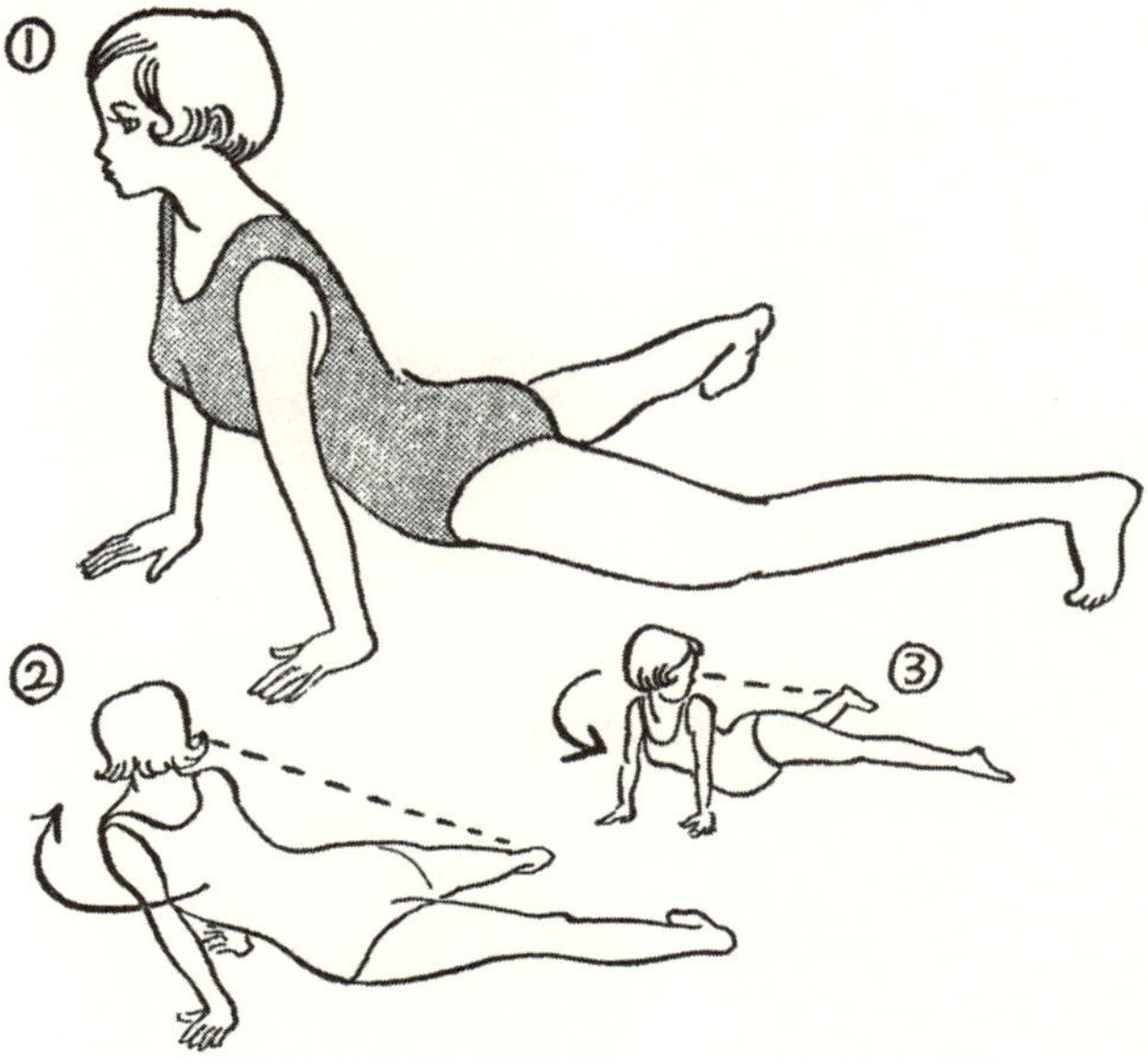

排便促進ヨガ体操４

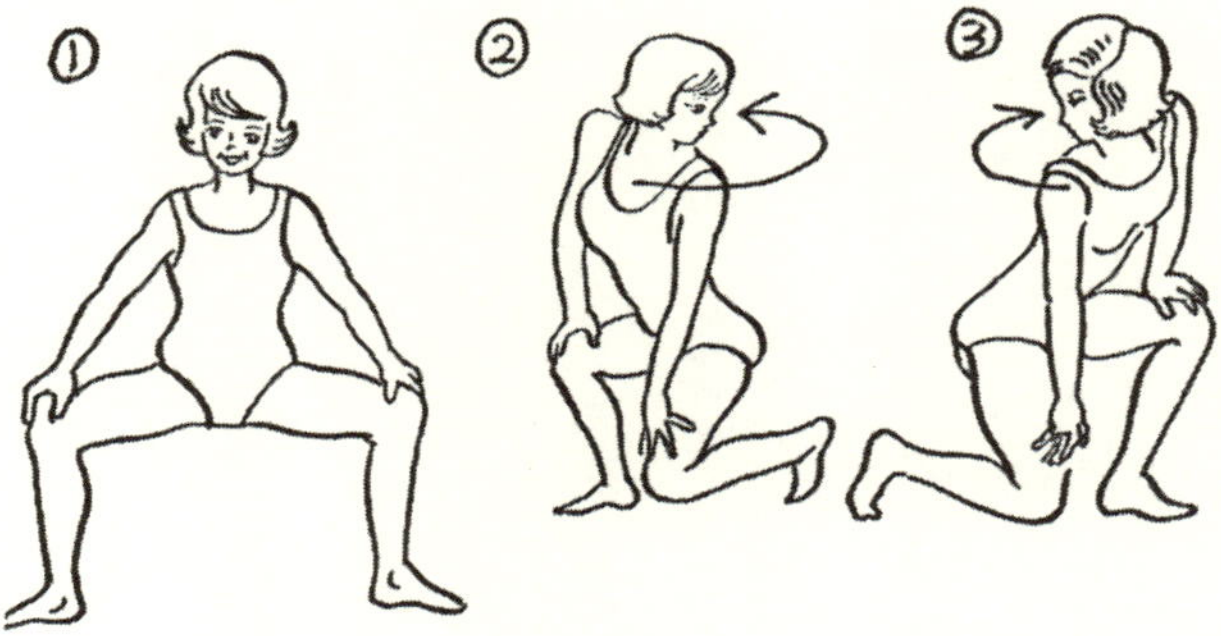

生理痛の悩み

生理痛に悩む女性は非常に多いようです。そのため、それがあたりまえだと思っている人もたくさんいます。しかし、それは間違いです。

生理痛は、腰のねじれや、骨盤の開閉力の異常、下肢部のうっ血、臀部のたるみからきているので、それを治してやらなければなりません。また、腹力や、足腰を鍛えることも大切です。

生理痛を治すヨガ体操1

① 長座から、両ヒザを立て、腰幅の倍に開く。両手は後ろにつく。

② 息を吐きながら腰を上げる。手とヒザ下は床と垂直に、体は水平になるようにする。

③ 息を吸って吐きながら、体を水平のまま足の方にずらす。

④ 息を吸いながら中央にもどし、吐きながら今度は頭の方へ体をずらす。

⑤ ③〜④の動作をくり返してから、腰をおろす。

生理痛を治すヨガ体操 1

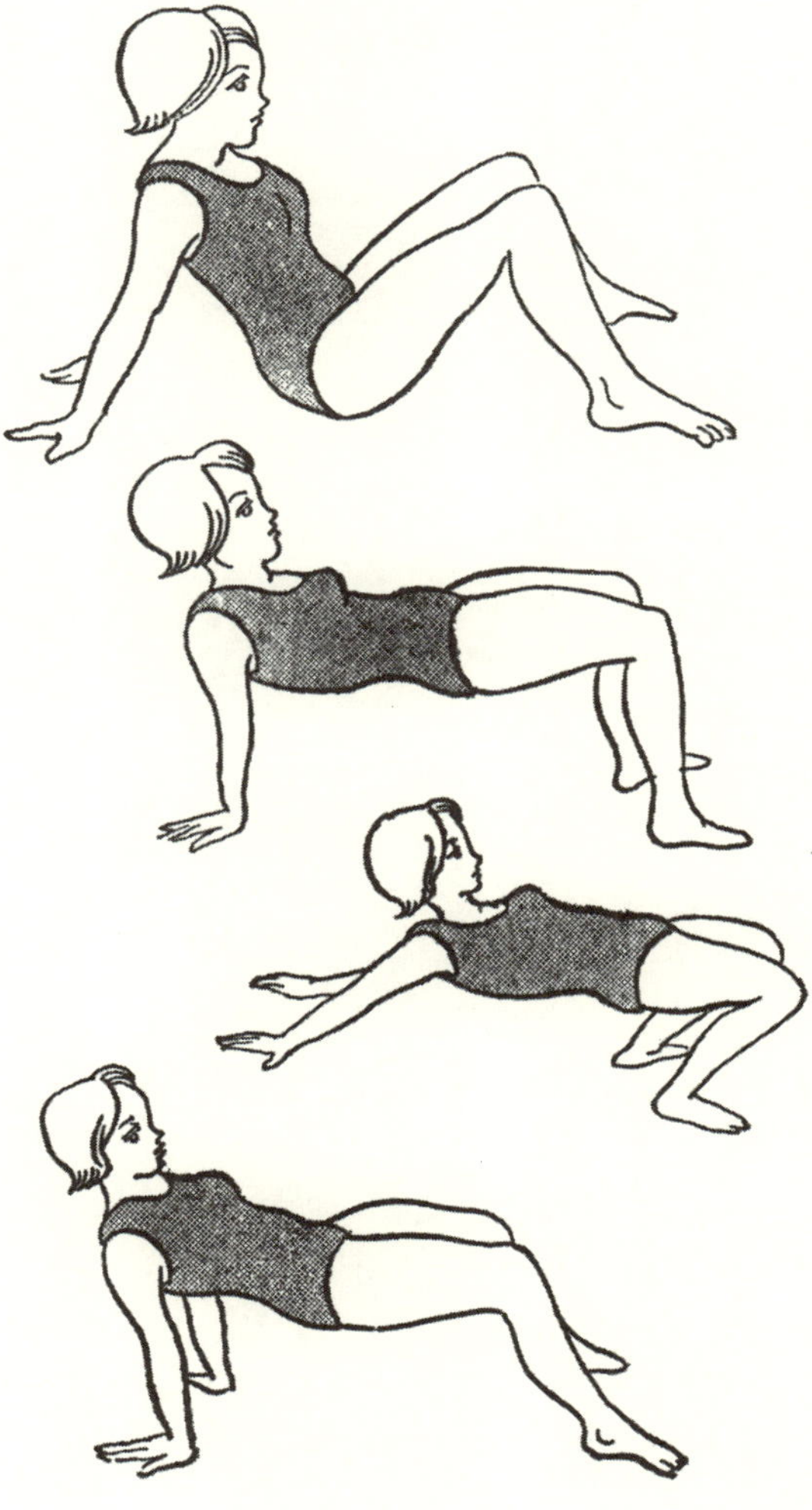

生理痛を治すヨガ体操２

① あおむけになり、両足をそろえてアキレス腱を伸ばす。両ヒジをつき、息を吸って吐きながら、胸を上げる。（頭とヒジで支える）

② 息を吸って吐きながら左足を大きく開き、息を吸いながらその足を三十センチくらい上げ、吐きながら、床から五センチ位まで下げる。これを数回くり返す。

③ ①のポーズに戻り右足を開いて足を②のように上下する。

④ 左右やりにくい方の回数を多くします。

生理痛を治すヨガ体操３

① あおむけになり、両手を首の後ろで組み、両足先を内側に向け、親指を床につけるようにする。

② ヒジをつけ、息を吸って吐く息で腹を引っ込めて、起き上がる。

生理痛を治すヨガ体操２

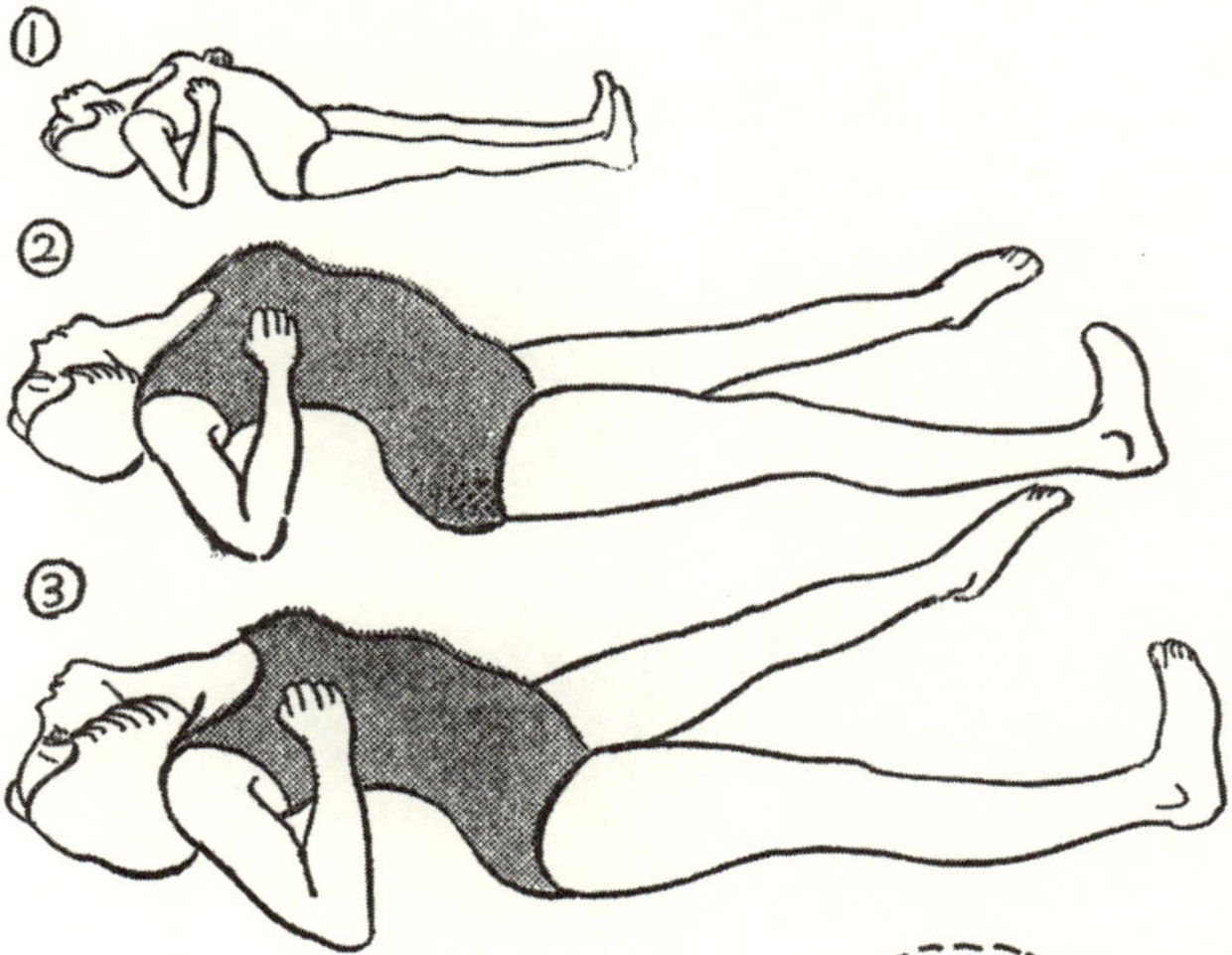

生理痛を治すヨガ体操３

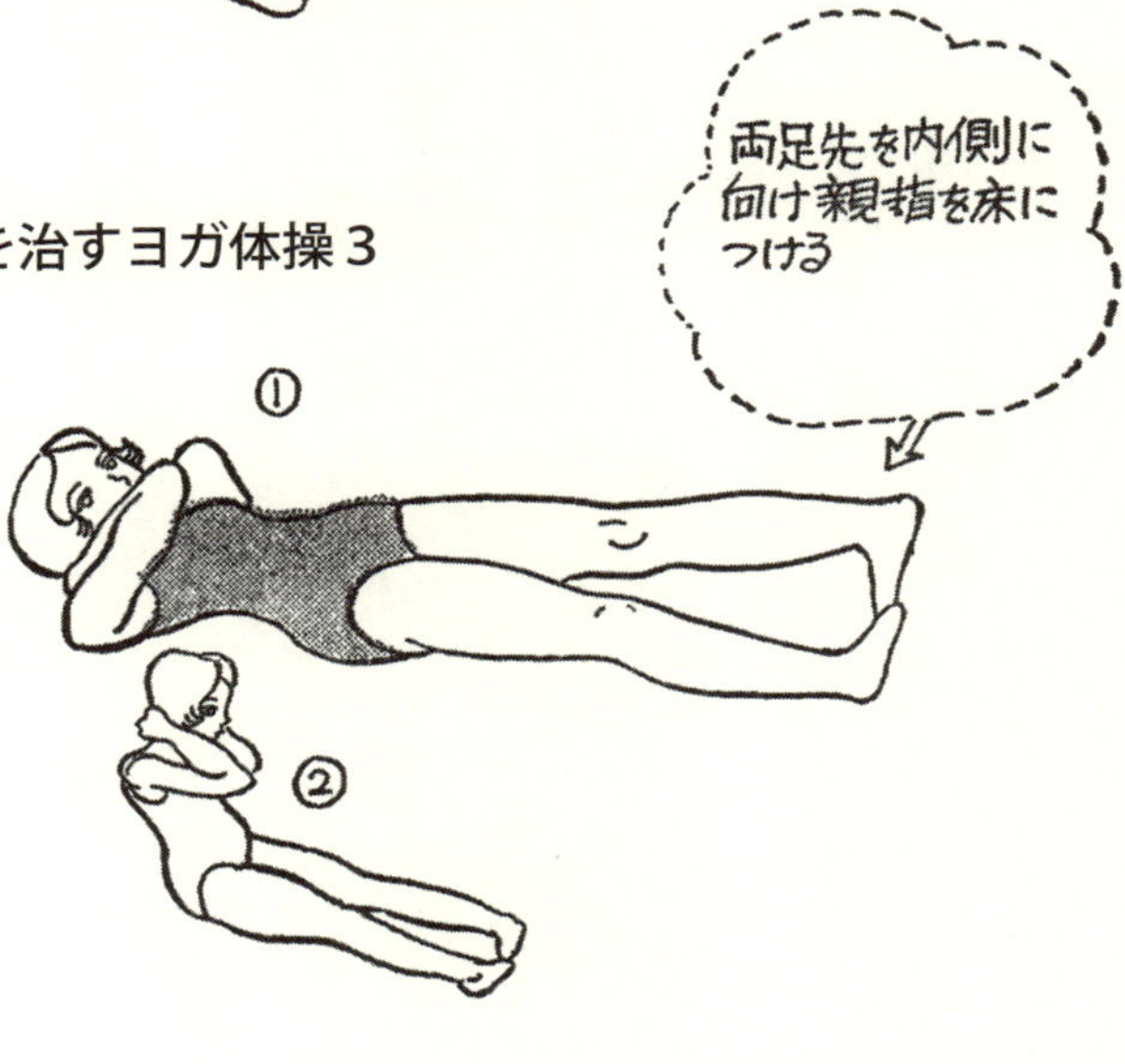

生理痛を治すヨガ体操4

生理痛を治すヨガ体操4

① うつぶせになり、ヒジをつけて顔の前につく。足は伸ばして、つま先をたてる。

② 息を吸って吐きながらそり、アキレス腱を伸ばしたまま両足を上げる。

③ 息を吸って吐きながら手先と足を開いて、耐えられるだけ耐えてパッと力をぬいて床におとす。

腰・背痛の悩み

腰痛、背痛の原因はわかりにくく、治るのにも時間がかかります。原因としては、脊椎の変位によるもの、筋肉の病気によるものなど、様々なものが考えられます。

原因によって、治療法も変わってきますが、ここでは、腰、背を中心とした体操をあげ、正しい姿勢を身につけ、腰や背を強化し、筋肉のこりをとり除くようにします。

体を動かした時の痛みで異常がわかります。前後屈したとき痛むのは腰椎一番、傾けて痛むのは二番、ねじって痛むのは三番、痛くて動けないのは内臓異常と一緒になっているのです。

腰・背痛をとるヨガ体操1

①　あおむけになりアキレス腱を伸ばして、両ヒザを胸につける。
②　息を吸って吐きながら、ヒザをかかえたまま起き上がる。
③　息を吸い、吐きながら体をもとに戻す。これを数回くり返す。

腰・背痛をとるヨガ体操2

①　あおむけになり、右手を首の後ろに置き（手のひらは上むき）右足を曲げて、左ヒザの上にのせ、左手を右ヒザの上に置く。
②　息を吸って吐きながら、右ヒザを左の床に倒す。顔は右に向ける（ヒジは床から上がらない）。
③　息を吸いながら、①の姿勢に戻る。
④　足を組みかえて、②の逆を行う。

腰・背痛をとるヨガ体操1

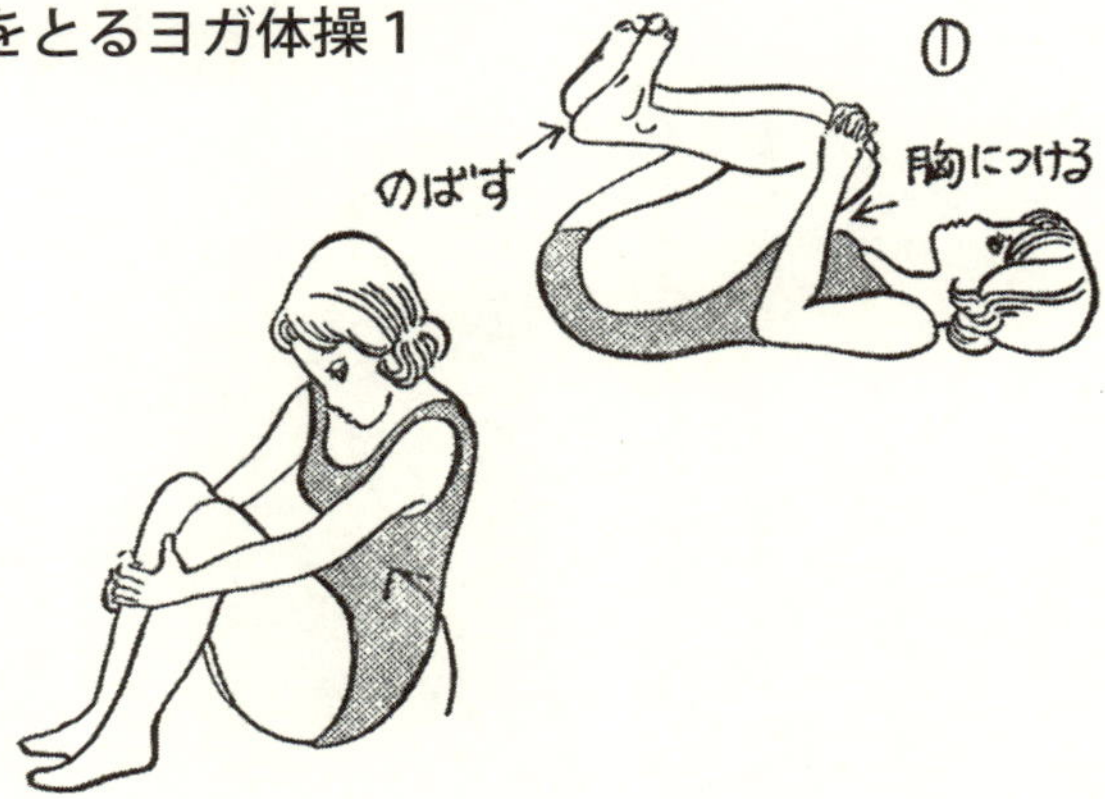

腰・背痛をとるヨガ体操2

腰・背痛をとるヨガ体操３

①　正座をし、正面を見て、背筋を伸ばしてアゴを引き、両手を組んでかえして上に伸ばす。
②　息を吸って吐きながら、腰を左へ落とすようにして手が水平になるまで上体を右に曲げる。
（腕は耳からはなさない）
③　息を吸いながら①の姿勢に戻し、吐きながら腰を右へ落として上体を左へ曲げる。

腰・背痛をとるヨガ体操４

①　正座して首筋と背筋を伸ばし、胸を張ってアゴをひく。手はヒザの上にのせる。
②　息を吸って吐きながら、両手を床の上で前方にすべらせて、上体を十分に伸ばす。
③　息を吸って吐きながら、四つんばいになる。
④　腰を前方に下ろし、アゴを上げ、胸をそらして息を吐く。
⑤　息を吸いながら腰を上げ、③から②の姿勢になり腕を伸ばして、息を吸いきる。

腰・背痛をとるヨガ体操3

腰・背痛をとるヨガ体操4

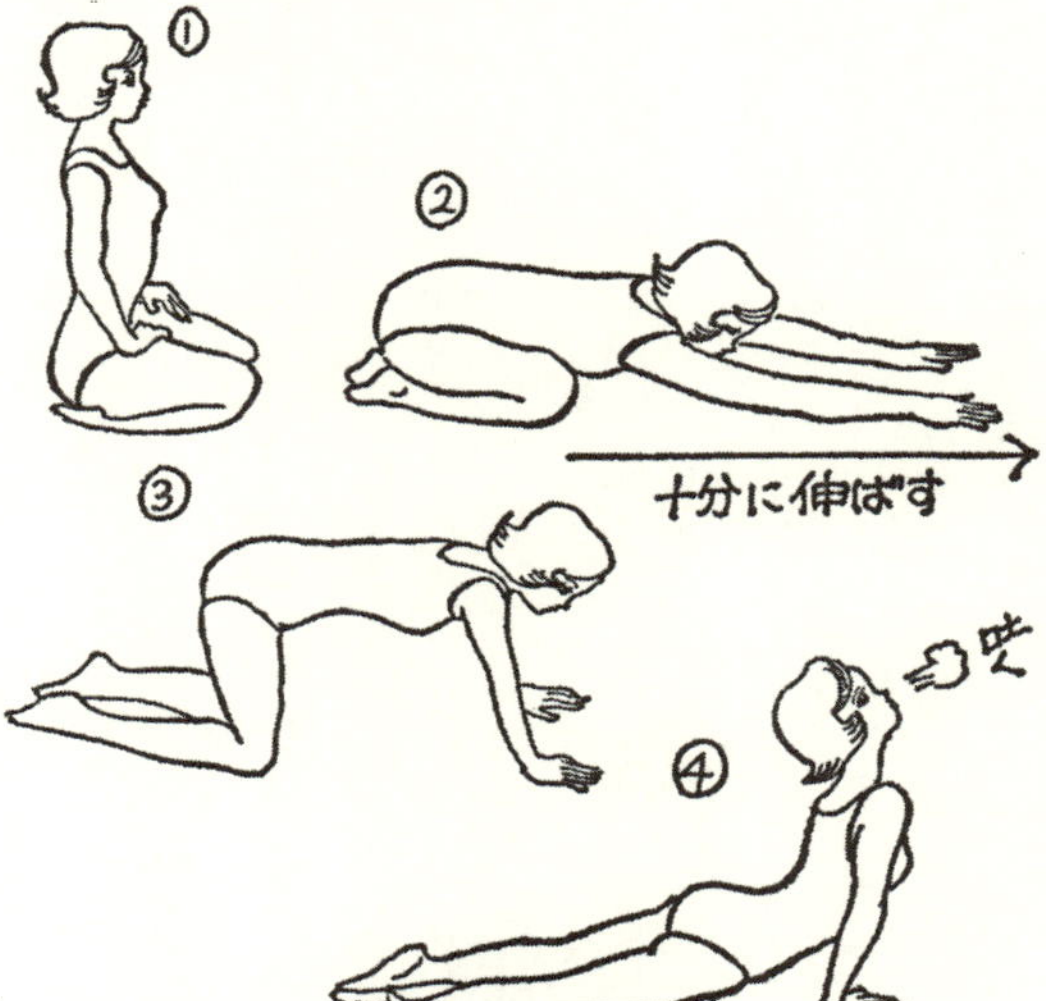

肩・首のこりの悩み

最近では若い人でも肩や首のこりを訴えます。肩がこると首がかたくなり、うっ血して頭にも血液がいきわたらなくなり、心身ともに不快になります。

これらの原因としては、精神の緊張、内臓の異常、血圧異常、栄養の過不足、悪い姿勢、筋肉の過労などが考えられます。ここでは肩、首そのものを柔軟にする動作と、腹に力を誘導する動作を中心にします。また手首、足首との関係も深いので、ここを柔軟にしておくことが大切です。

肩・首のこりをとるヨガ体操1

① 正座をし、両手を後ろで組む。手のひらを返して胸を張る。
② 息を吸って吐きながら、両手を上げていく。
③ さらに両手を上げながら前屈し、ひたいを床につける。
④ 息を吸って吐きながら、腰を上げ、ひたい、頭頂、後頭部と、床につけていく。
⑤ 息を吸いながら、ゆっくりと③の姿勢まで戻る。④と⑤を数回くり返す。

肩・首のこりをとるヨガ体操1

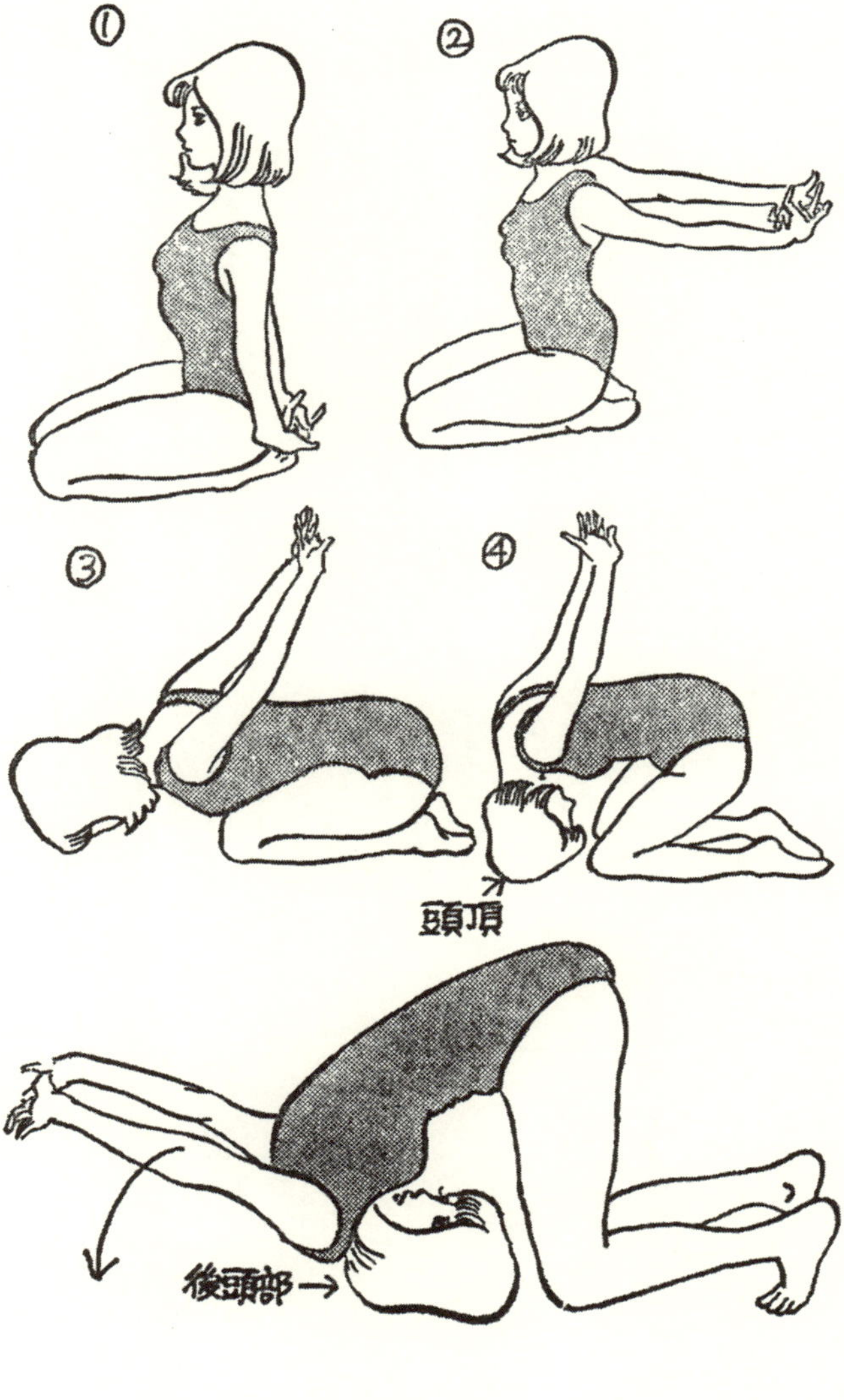

肩・首のこりをとるヨガ体操 2

① うつぶせになり、両足を大きく開き、足のつま先をたてる。左手は上方へ伸ばし、右手を横へ伸ばす。

② 息を吸って吐きながら、右手を天井の方へ上げ、上体をねじっていく。

③ つまさきは床につけたまま、さらに上体をねじり、右手は半円を描くよう左の床までもっていく。

④ 息を吸いながらゆっくり①の姿勢に戻る。逆もおこなう。

肩・首のこりをとるヨガ体操 3

① あおむけになり、両手は体の横に置き、手のひらを下にむけておく。アゴはひき、アキレス腱を伸ばす。

② 息を扱って吐きながら、ゆっくりと足を上げて頭の後方までもってきて、つま先をたてて床につける。

③ 両手を組み、息を吸って吐きながら、左ヒザ裏と左アキレス腱をさらに伸ばし右ヒザを耳の横につける。

肩・首のこりをとるヨガ体操2

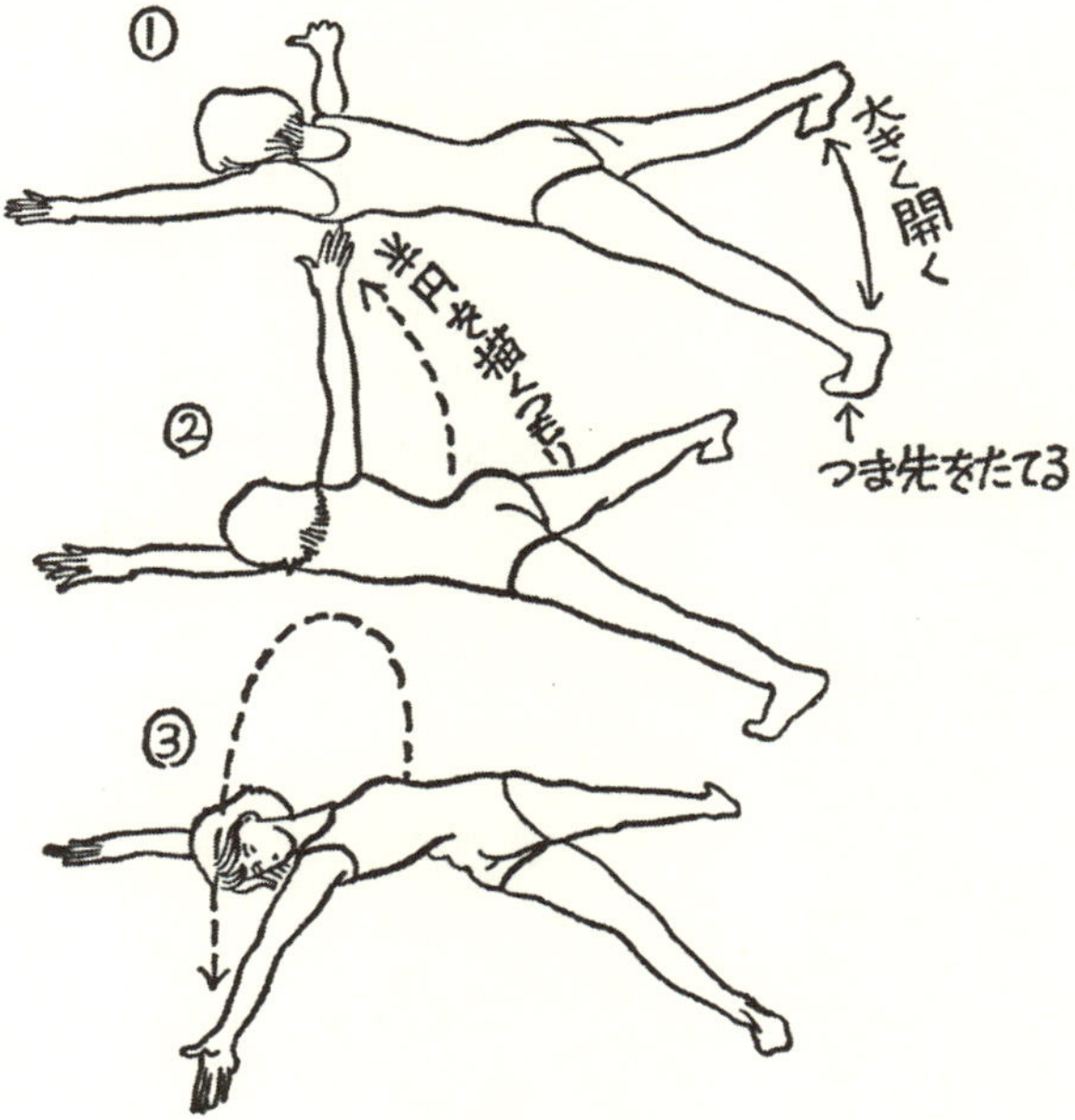

④

息を吸いながら左ヒザをゆるめ、右ヒザを伸ばし、吐きながら左右逆をやる。

肩・首のこりをとるヨガ体操3

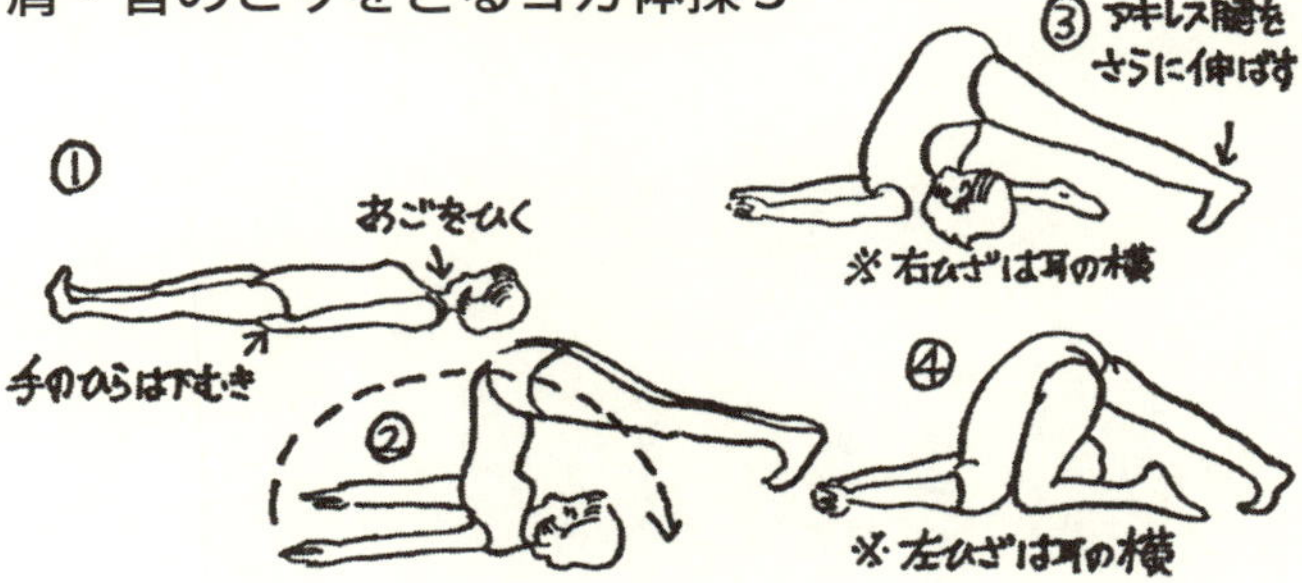

肩・首のこりをとるヨガ体操4

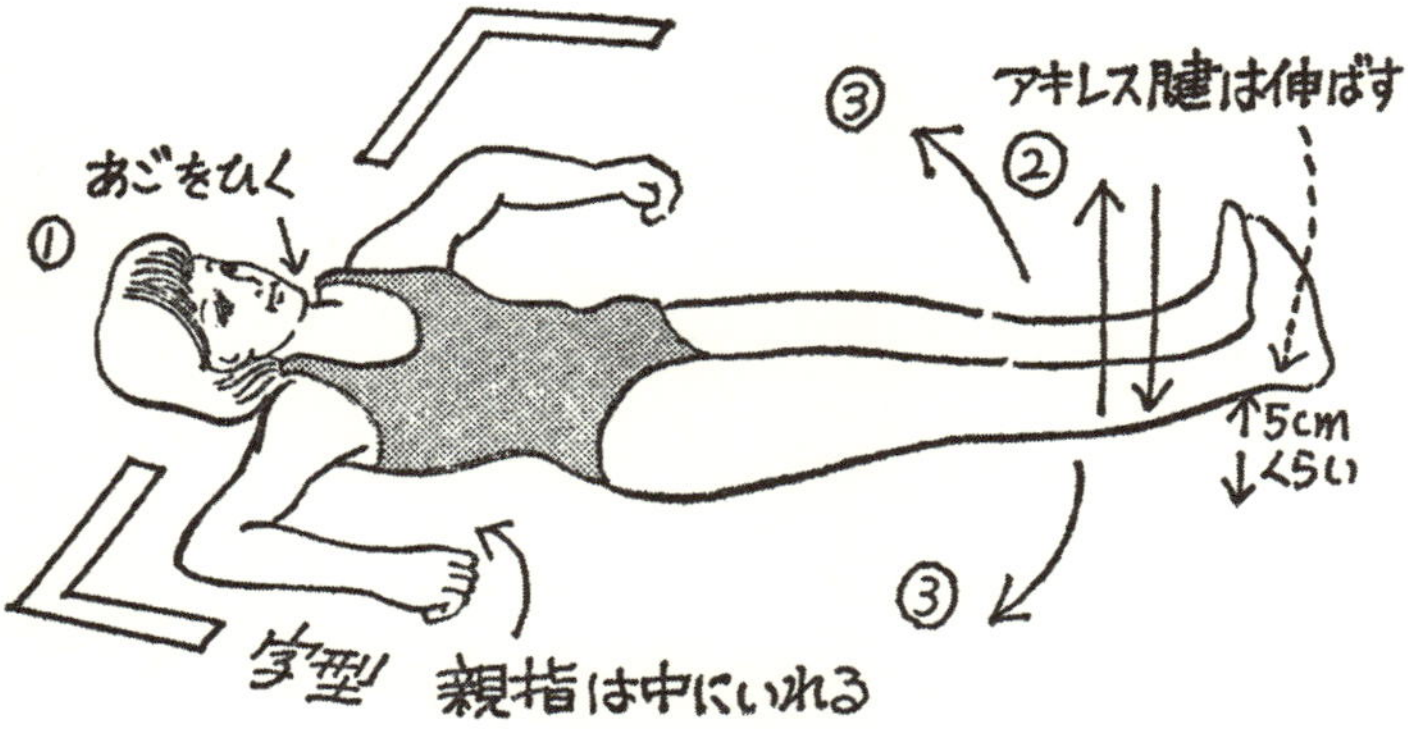

肩・首のこりをとるヨガ体操４

① あおむけになり、両手は下Ｌ字型（手をＬ字型にするときは親指を中にいれたこぶしをつくる）両足はつけてアキレス腱を伸ばし、アゴを引く。こぶしは床から離さない。

② 息を吸いながら、両足を三十センチぐらい上げ、吐きながら五センチ位下げる。（数回くり返す）

③ 息を吸って吐きながら足を五センチ位の高さのまま右へ移動する。吸いながら中央へもどし、吐きながら左へ移動する。やりにくい方を数多くやる。

胃下垂の悩み

胃下垂を始めとして、内臓が正しい位置よりも下がっている人は多いようです。原因としては、運動不足、神経の疲労などからくる、姿勢の悪さなどが考えられます。ほおっておくと全身的に不健康になり、気力も充実しません。

腰、腹筋を強化し骨盤の力を高める体操と肩・首の力を抜き、筋肉、骨格を正しい位置に戻す体操が、内臓異常を治します。

胃下垂の時は全内臓が下垂していますから、全体的に上げて、しめる工夫が大切です。

胃下垂矯正ヨガ体操1

①あおむけになり両手を頭上に伸ばして、床につける。ヒザをたてる。
②息を吐きながら腰を高く持ち上げる。
③急に力を抜いて腰をさげ、下までおろさず途中でとめ、再び上げる。これをくり返す。

胃下垂矯正ヨガ体操2

①あおむけになり、手のひらを下にむけて床に置き、アキレス腱を伸ばす。
②息を吸って吐きながら、足をあげていく。
③できるだけ頭から離して、足を床につける。
④息を吸い背中に両手を当て、息を吐きながらアゴを強くひき、背中を床と垂直にする。
⑤ヒザが胸につくように曲げる。
⑥息を吸い力強く吐きながら、床に九十度の逆さか立ちをし、足と肩で強く天に向かってける。
⑦力を抜き、息を吸いながら、⑤の姿勢にもどす。⑤〜⑦をくり返す。

胃下垂矯正ヨガ体操１

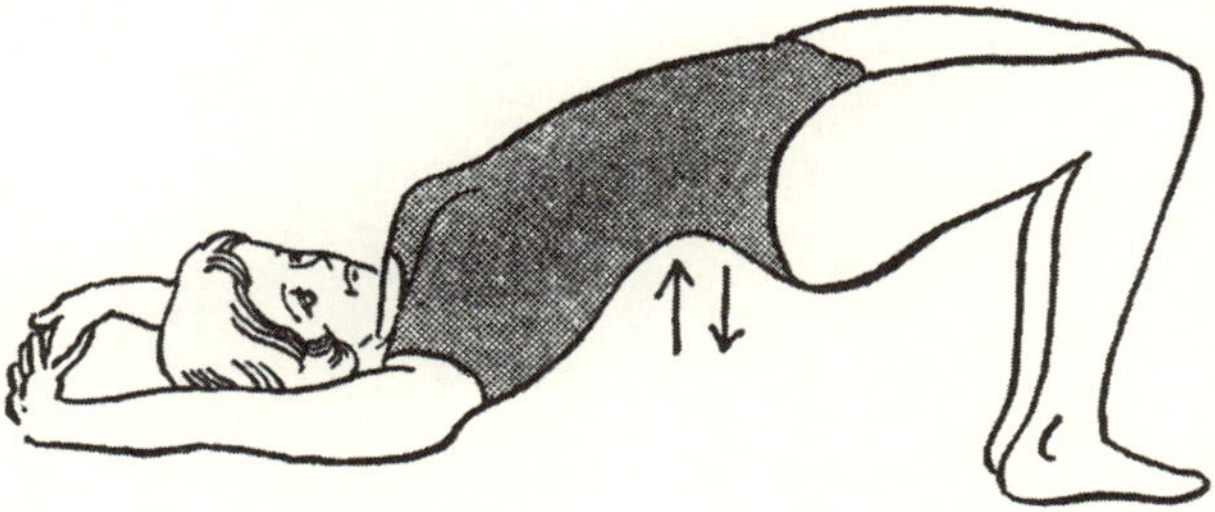

胃下垂矯正ヨガ体操２

胃下垂矯正ヨガ体操３

①　うつぶせになり、両手のひらを床につけ、ヒジを張りアゴを支える。
②　息を吐きながら両ヒザを伸ばし五センチほど上げる。
③　ヒジを床から離さず息を吸い、力強く吐きながら、右足を伸ばし、さらに上げる。息を吸いながら②に戻る。
④　③を左足で行い、②に戻る。数回くり返す。

胃下垂矯正ヨガ体操４

①　あおむけになり両手下Ｌ字で、肩ヒジ、げんこつを床につける。
②　両足の足先を内側にし、かかとを開く。
③　足を十センチあげて、息を吸って吐きながら上下にふる。

胃下垂矯正ヨガ体操３

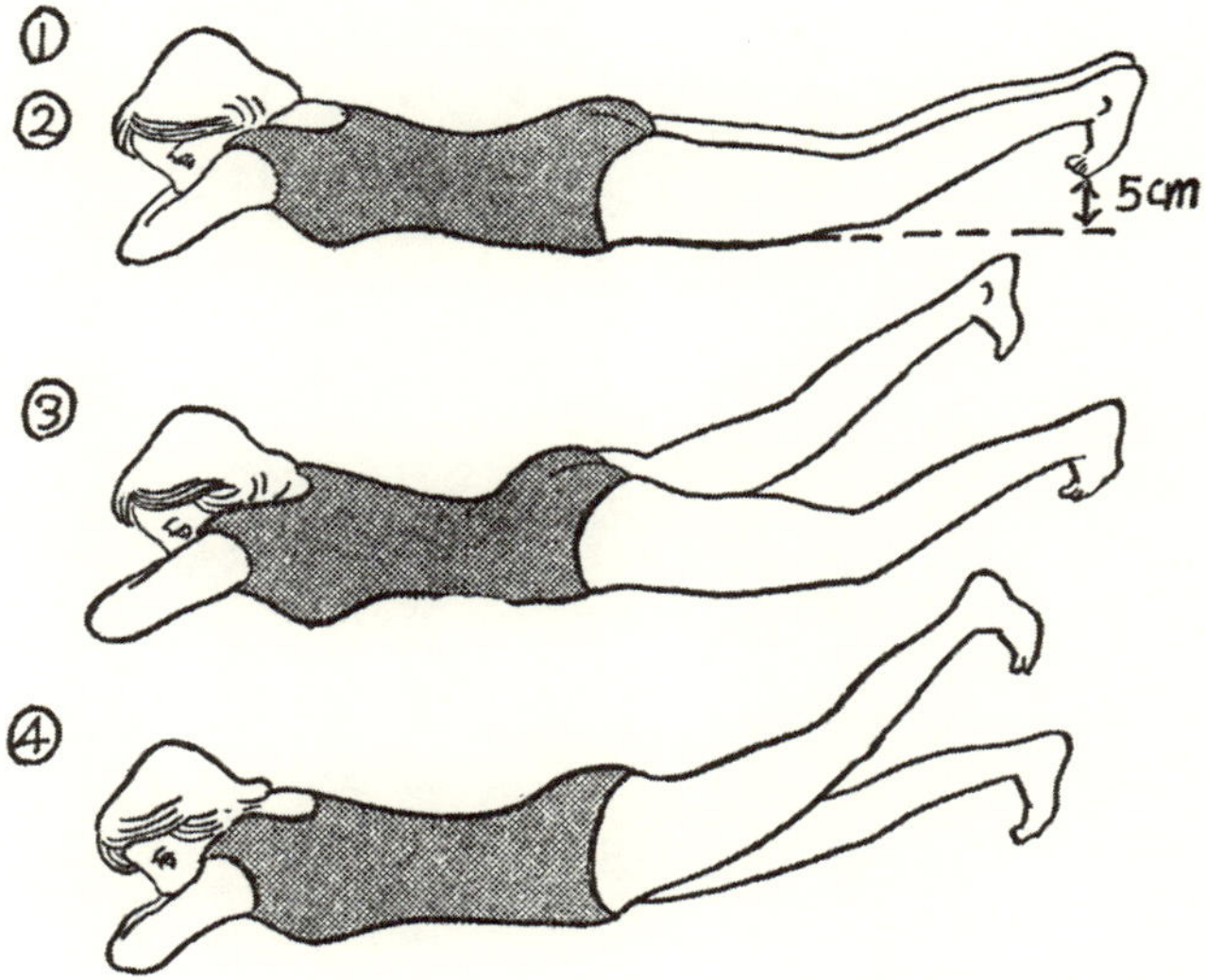

胃下垂矯正ヨガ体操３

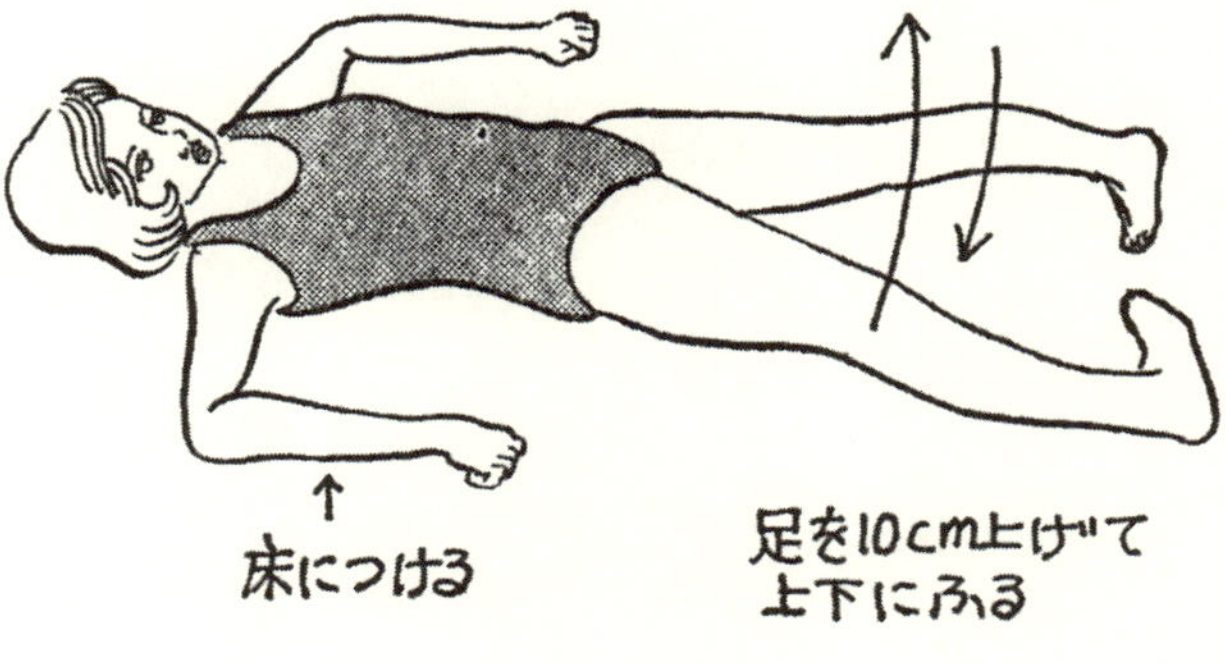

頭痛の悩み

頭痛には脳そのものに原因がある場合と、脳以外に原因がある場合があります。以下の修正法は、脳そのもの以外に原因がある場合のものです。

主な原因は、首のこりと歪み、頭がい骨の下垂からくるものです。偏頭痛は、体の歪みや頭の痛む部分と関連した内臓の異常からきます。頭痛や頭が重いのは、脳血管の異常緊張に直接的な原因がありますが、それを起こしている姿勢の歪み、宿便・内臓の異常・心の混乱・食事の間違いを正す必要があります。

修正法としては、肩・首の緊張、こりをほぐし、頭がい骨のたるみをしめ、下垂を正す方法を行います。

頭痛解消ヨガ体操1

① 正座をし、息を吸い肩をできるだけ上げる。

② 息を吐きながら、一気に力をぬき、肩の力、首の力をぬく。

頭痛解消ヨガ体操２

頭痛解消ヨガ体操２

① 正座をし、尻を右へ下ろし、両手は首の後ろで組みヒジを張る。
② 息を吸って吐きながら、右手で右後頭部をすり上げるようにして体を左へ曲げる。
③ 息を吸いながら中央へ戻る。
④ 数回くり返し、逆もやる。

頭痛解消ヨガ体操３

①　正座をし、両手を後ろで組み、首を伸ばす。

②　息を吐きながら、ゆっくりと首を前後左右に倒し、左右にねじり、まわす。首をまん中に戻すとき息を吸う。

頭痛解消ヨガ体操４

①　あおむけになり、両ヒザを立て、両手は胸の上で合掌する。

②　息を吸って吐きながら、腰と肩を上げ、後頭部でささえる。そのまま深呼吸をしながら耐える。

頭痛解消ヨガ体操５

①　あおむけになり、両手を首の後ろで組む。

②　息を吸って吐きながら首を手で伸ばす。同時にかかとをつきだしアキレス腱を強く伸ばす。

③　偏頭痛の時は痛い方の頭がい骨を上げながら伸ばす。

頭痛解消ヨガ体操3

頭痛解消ヨガ体操4

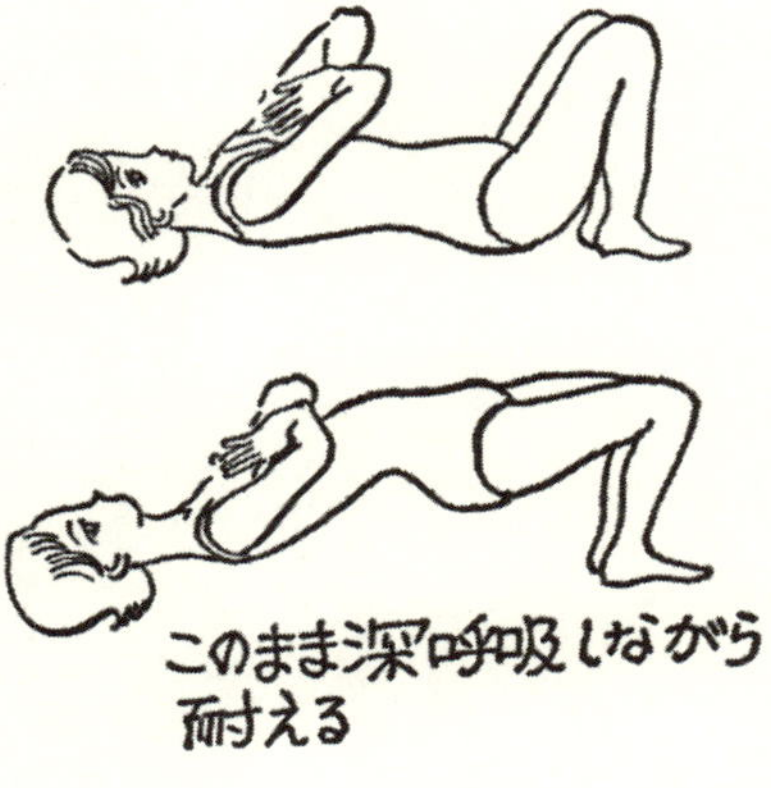
このまま深呼吸しながら
耐える

頭痛解消ヨガ体操5

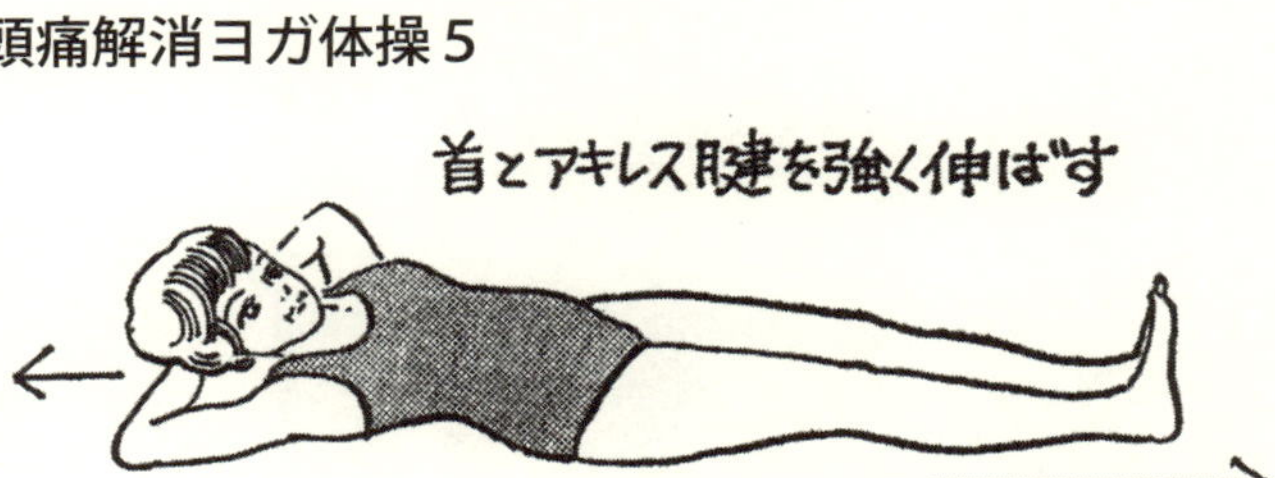
首とアキレス腱を強く伸ばす

不眠の悩み

不眠は美しいからだを作るためには最大の敵です。深い眠りを得るには、大脳の新・旧皮質が活動を休める必要があります。それを邪魔する刺激としては、筋肉のこりや内臓の異常や感情のいらだちによる旧皮質の異常興奮緊張があります。早くよく眠るには全身の筋肉がゆるみ、呼吸が穏やかになり、迷走神経にバトンタッチすることが必要です。

安眠体操は、肩、首、上背部、胸、みぞおちの緊張をほぐし、骨盤をゆるめる方法を行います。

眠れるヨガ体操1

① あおむけになり、両ヒジを床につける。両足は腰幅に開き、アキレス腱を伸ばす。
② 息を吸いながら、できるだけ腰をあげる。
③ 一気に息を吐き力をぬいて、急に体をおろす。

眠れるヨガ体操２

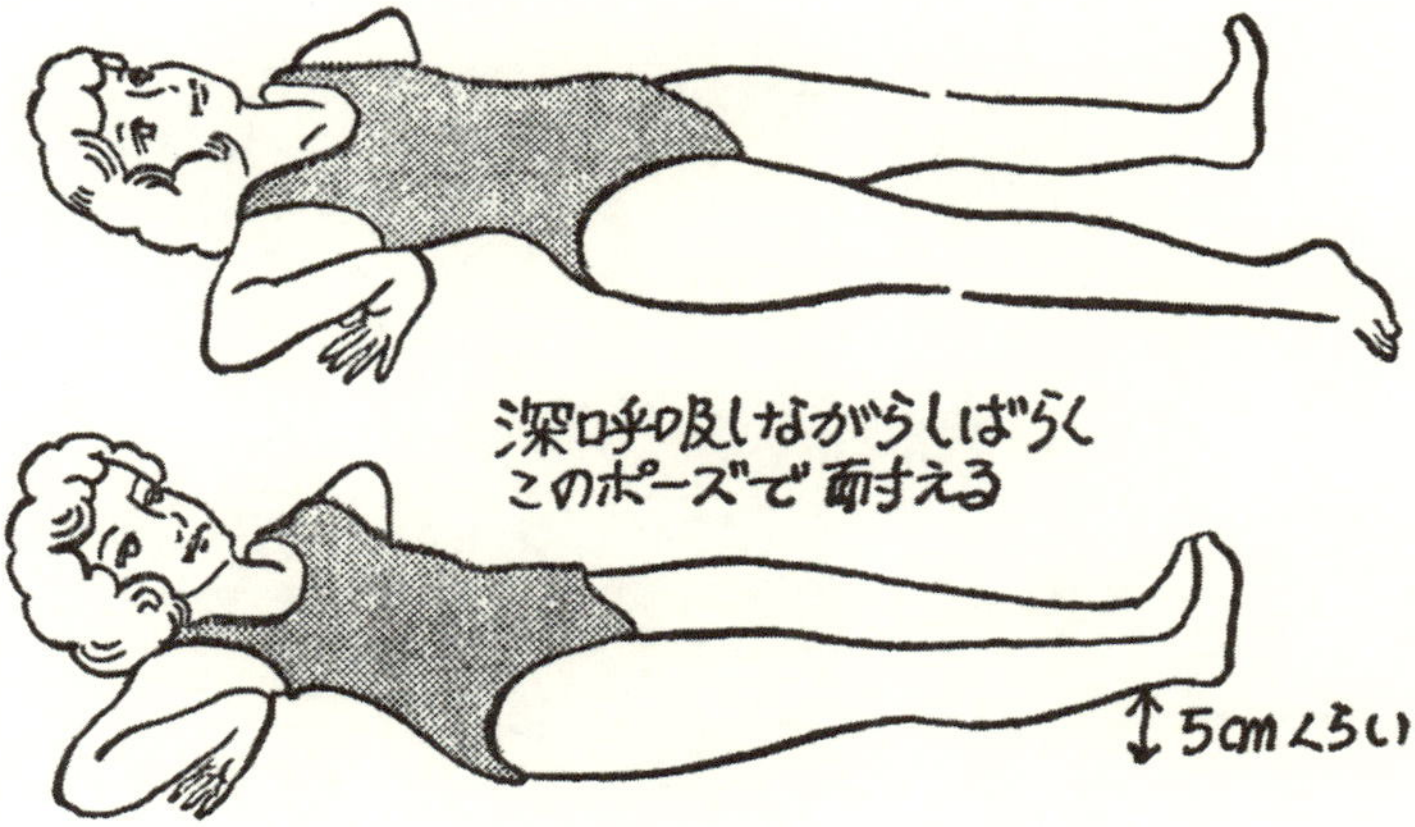
深呼吸しながらしばらく
このポーズで耐える
5cmくらい

眠れるヨガ体操２

①　あおむけになり、両手を脇の下につける。
②　息を吸って吐きながら、両足をくっつけてアキレス腱を伸ばし、ヒジをできるだけ頭の方にひく（ヒジが床から離れないように注意）。
③　両足を五センチぐらい持ちあげる。
④　深呼吸をして吐ききったらしばらくそのポーズで耐える。
⑤　一気に力をぬく。
⑥　これを休んではくり返す。

眠れるヨガ体操３

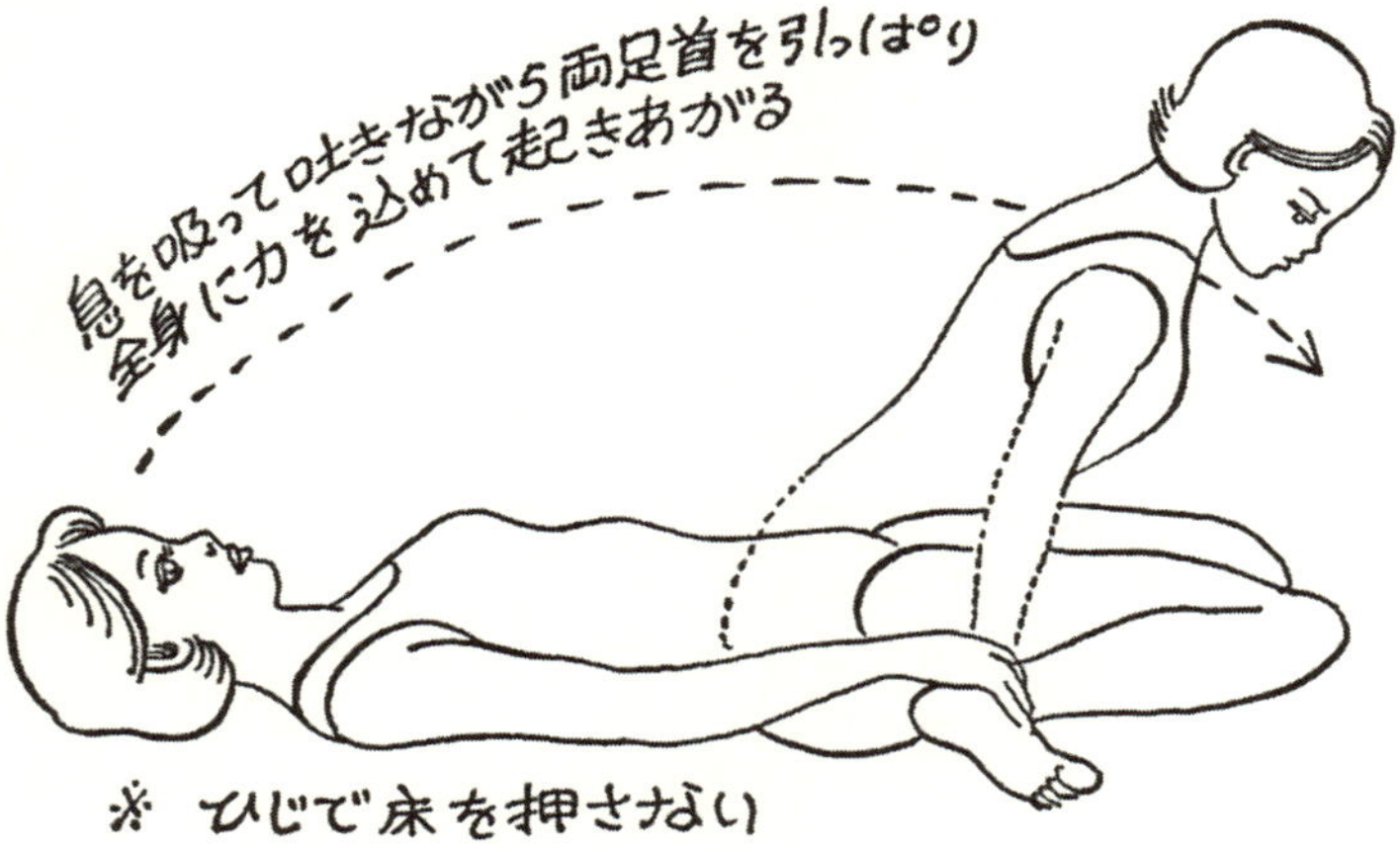
息を吸って吐きながら両足首を引っぱり
全身に力を込めて起きあがる
※ ひじで床を押さない

眠れるヨガ体操３

① 両ヒザを内側に曲げ、尻がその間に落ちるようにあおむけになる。

② 手で足首をつかむ。

③ 息を吸って吐きながら、両足首を引っぱり全身に力を込めて起きあがる（ヒジで床を押したりしない）。

④ 起き上がって前屈する。

肌あれの悩み

たいへんプロポーションがよいのに、肌がカサカサだったり、にきびやあばたがいっぱいだと、美しい人とはいえません。

美しい肌、つまり、血色がよく、つやや張りのある肌をもつにはどうすればよいでしょう。まず誰でも考えることは食事です。過食や偏食をして、甘いものばかり食べたり栄養をとりすぎると、顔にはにきびのはなざかりになるでしょうし、みずみずしい野菜をとらなければ、肌はだんだんカサカサになるでしょう。（詳しくは食事の項参照）

また肝臓と肌は密接な関係があります。肝臓の機能としては、脂肪分解、皮膚支配、水分保持などがあり、そのため、肝臓に異常が起きると、肌にも炎症がおき、肝臓の異常を知らせます。肝臓の機能を高める体操としては、あおむけにねて、両手で首をささえ、腰をぐっと上げて左右にねじるものがあります。これは肝臓の機能を高める以外にも、消化不良、便秘、太りすぎの解消にも有効です。

また、肌は特に精神状態と関係します。恋をすると美しくなるのもこのためです。毎日の生活で、楽しみに満ちた心で生きる工夫をしましょう。

美肌ヨガ体操１

① あおむけになり、内臓部位のもっとも痛い所を押える。
② ヒザを曲げ、息を吸って、吐きながら、起き上がる。その際、意識的にお腹をひっこめるようにする。
③ ゆっくり、あおむけの状態にもどし、くり返し、①②を行う。

美肌ヨガ体操２

① あおむけになり、両手を下腹部におく。
② 息を吸って吐きながら腰をあげる。
③ 腰をあげた状態で、保留息をできるだけ長く続ける。
④ バタンと腰を床に落す。
⑤ 何回もくり返し行う。

美肌ヨガ体操１

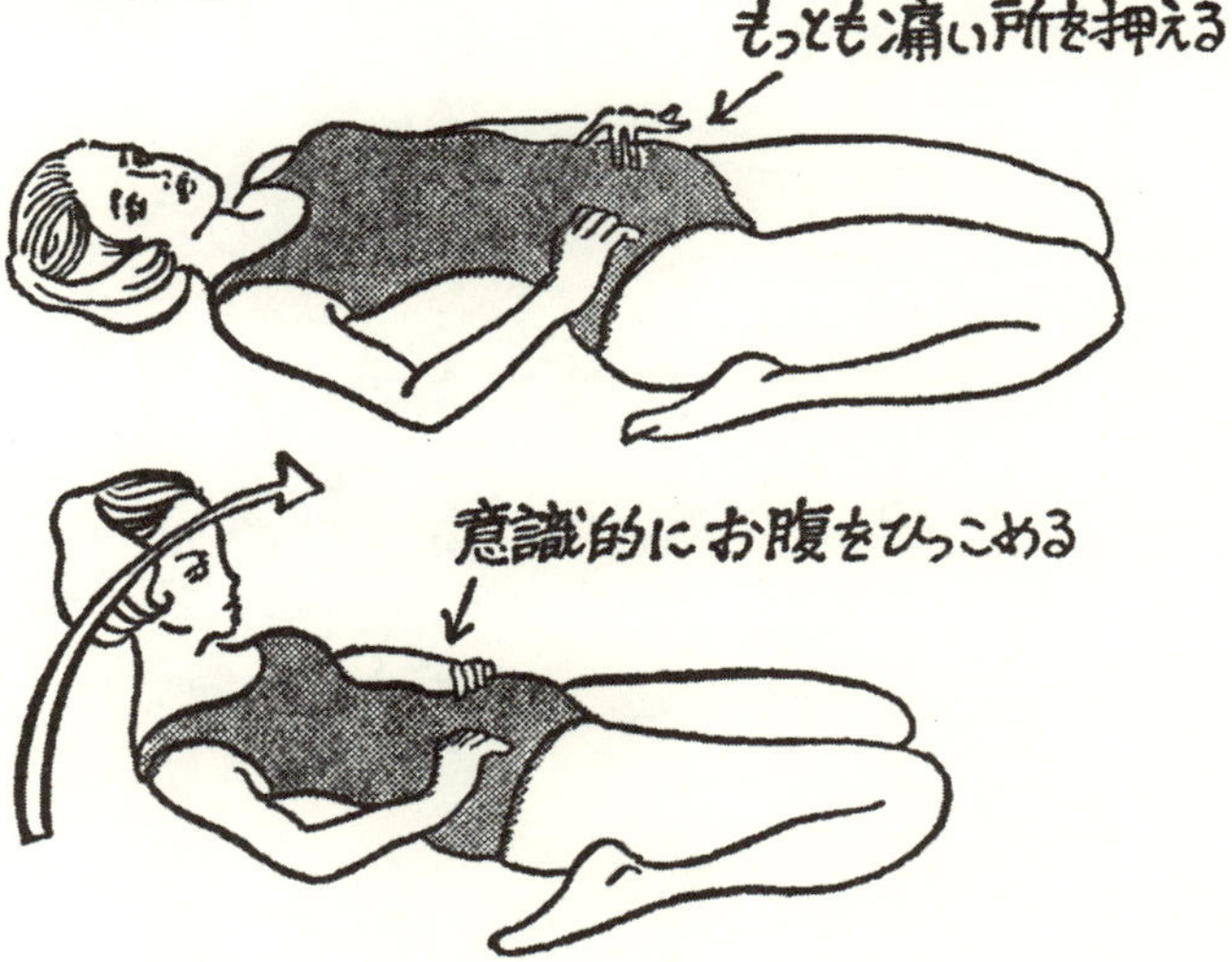

美肌ヨガ体操２

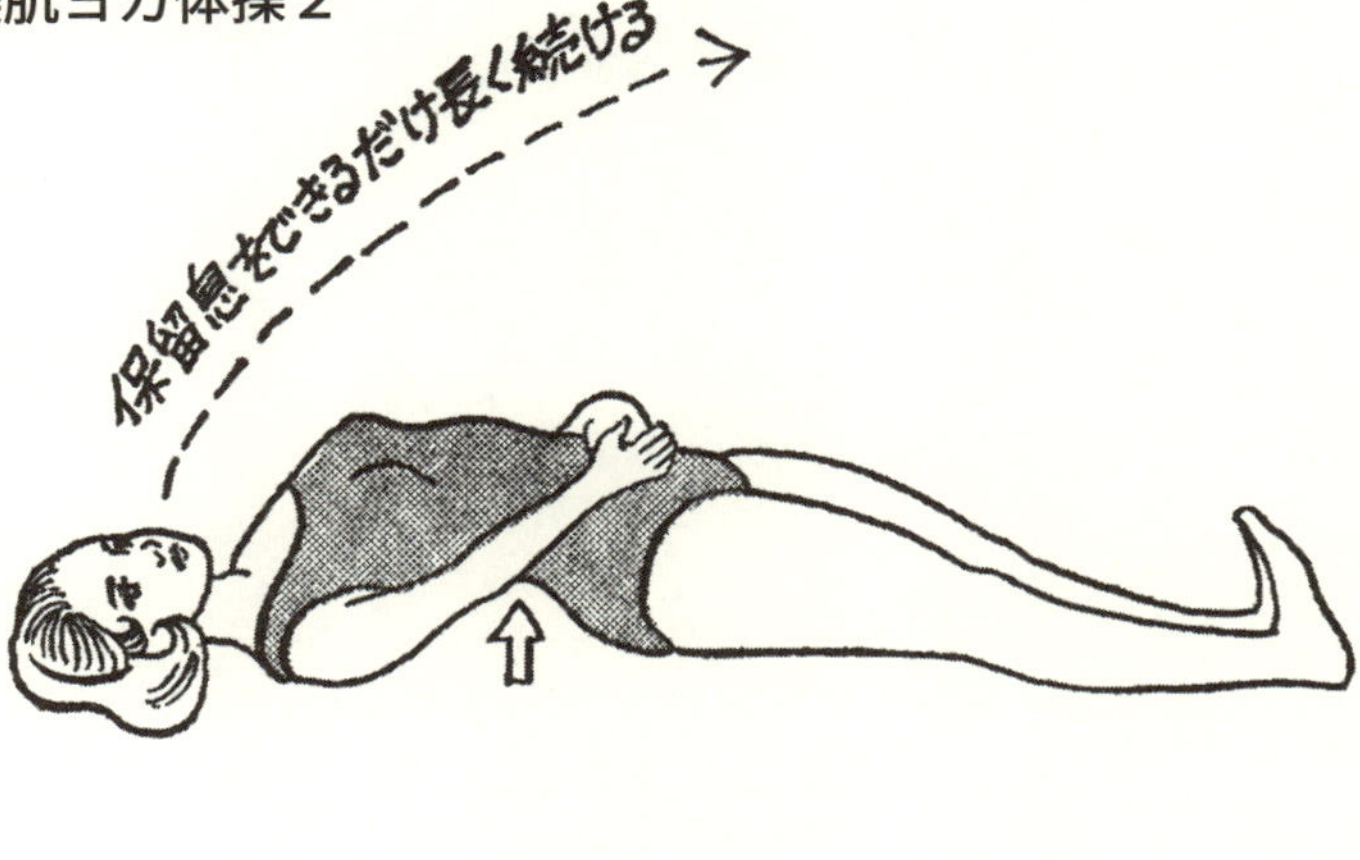

美肌ヨガ体操３

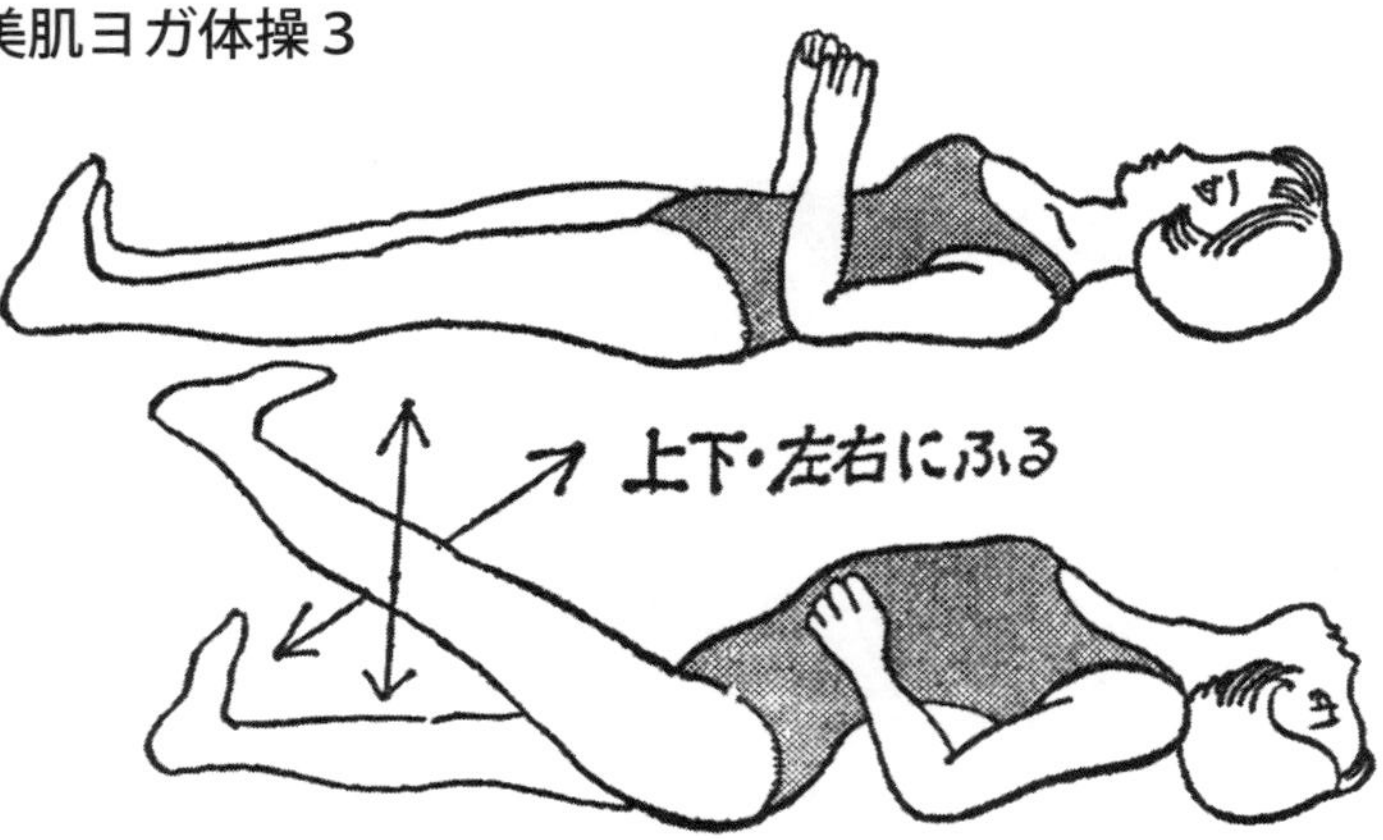

美肌ヨガ体操３

① あおむけになり、両ヒジを床につけ、たてる。

② 息を吸って、吐きながら胸を高くあげ、頭頂部を床につける。

③ ②の状態を保ちながら両足を少しあげ、上下、左右にふる。上げる時は息を吸い、下げる時は息を吐きながらする。

④ すみやかに足を床に下し、両ヒジを伸ばす。

3　ヨガと生活

食事

【食べたものが即栄養ではない】

食べたものがそのまま、血や肉になるのではありません。消化し、吸収する働きによって初めて栄養になるのですから、食物そのものが完全であっても、栄養の恩恵はうけられないのです。

その食べ物に対する要求および、自己消化力が強いほど、そのものを栄養にする力は強いのです。断食の後などは、水一杯でも、内から力がもりあがる感じを経験することができます。消化・吸収・中和・排泄の四つの働きのどの一つが不完全でも、栄養力は完全に働きません。私は、食べることよりも、出すことを考えなさい、と教えています。

消化・吸収に必要な第一条件は、酵素と酸素と内臓を働かしている神経とホルモンの働きが完全であることです。そして消化・吸収・排泄に必要なのは、働きの旺盛な内臓そのものです。

内臓を働かしている神経は、脳や脊髄から出ていますから、そのどちらに異常があっても、内臓はよく働きません。例えば頭の混乱、首の歪みやその筋肉の異常、背骨の歪みや背中の筋肉の異常は、そのまま内臓の働きを左右しますから、悪い姿勢や不完全な呼吸や頭の混乱の癖が身についていると、その条件反射で慢性的な食欲異常や栄養不良、および排泄不良の害をうけます。したがってそれらを正さなければ、自分に適した食物の量・質もわかりませんし、食べても本当の栄養になっていないことを知る必要があります。

次に具体的なヨガの食事法の原則をあげてみましょう。

【自然食の形でとる】

食物は加工されたものより、できるだけ自然に近い形でとります。また部分食（皮を取り去った野菜・大きな魚の切り身・肉）よりも全体食（皮付き野菜・小魚・種子）をするようにします。白米よりも玄米を、野菜もその一部分でなく全体を食べるようにします。一つのなま物はそれ自体でバランスがとれているからです。

【少食多種類でよくかむ】

一番正しい食べ方は、体の要求に従って食べることですが、ほとんどの人は食べ過ぎの癖がついています。少食ですませるためには良質のものを上手に組合わせることが必要です。多種類の食物を組合わせることによって食物同志が栄養を補い合って相乗効果を出してくれます。

またよくかんで食べることにより唾液の出を良くして、胃の負担を軽くする事ができ、内臓をムダに疲労させずにすみます。また、よくかみますと、今食べているものが自分に合っているかどうかが自然にわかるようになります。さらに、よくかむという事はそれだけの圧力を加え、唾液を多くしますから食物を陽性化する事ができます。

アメリカの実験データで、とにかく食物をよくかむ事によって栄養の吸収を良くし、三ヵ月位で八十キロの人が六十キロ位に減った例があります。肥満というのは栄養不良なのです。

【調理法】

調理方法は天然の持ち味をそこなわぬよう、その食物の特質をこわさないように留意します。栄養を失わない熱の加え方は、「むす」ことが一番で、次は「いためる」ことです。油で処理するとカロリーが増し、糖質の量が少なくてすみ、ビタミンB_1の消耗が少なく、カロチンの吸収をよくします。

調味料はできるだけ精製度の低い、自然な塩、ミソ、油を用います。

【食物の特性】

ヨガでは食物を薬とし、台所を薬局にしなさいと教えています。

一つ一つの食物の特性をいかして食べる工夫が必要です。

ハト麦　栄養は穀類第一位です。皮膚をなめらかにするので、美容食としても最適です。

小豆　便通をつける効果を持っています。またビタミンB_1も多く含んでいます。
ナスのヘタの黒焼　口中や舌のタダレをなおします。
トマト　陰性の食物ですから食べすぎると体が冷えますが、浄血力があって、動脈硬化や肝臓病に効果があります。
ホーレン草　ビタミン類が豊富なだけではなく、カルシウム、鉄などを大量に含んでいます。しかし結石のできやすい人にはよくありません。
玄米　便通を整え、血液を清浄にし、内臓、筋肉、脳など体全体の機能を高め、抵抗力を強めます。スタミナも増強し、美容効果をあげます。
しいたけ　肝臓機能を強化し、制ガン効果もあり、心臓病によいです。
ごま　リノール酸を多く含んでいます。動脈硬化、高血圧に効きます。カルシウム、リンも豊富に含んでいるので、視力強化、月経不順、養毛、健脳に効果があります。
セロリ　強壮、強精、健胃に効果があります。
大根　ビタミンC、蛋白質、ブドウ糖、カルシウム、カリウムを含み、繊維には整腸作用があります。高血圧によいです。
きゅうり　ミネラルを多く含んだアルカリ性食品です。美容効果があり、新鮮なきゅうりを栄養としていると、皮膚の弾力性が増し、肌が美しくなり、脱毛を防ぎ、爪をきれいにします。血液の

ナスのヘタの黒焼
小豆
ハト麦
ホーレン草
トマト
玄米
しいたけ
ごま
きゅうり
セロリ
大根
お茶
シジミ
アワビ
タンポポ

浄化力があり、高血圧にも低血圧にもよいです。

シジミ　肝臓機能障害によって起こる疾患に効果があります。貧血、眼病によく、乳の出をよくする働きをもっています。

アワビ　乳の出をよくします。

お茶　お茶の中にあるカフェインは中枢神経に作用し疲労回復、利尿を促進し、またタンニンには、ビタミンC、カロチン、鉄、マンガンが多く、血液をアルカリ化し、解毒力、利尿力があります。

タンポポ　解熱、発汗、強壮剤、健胃剤となります。

以上いくつか、美容に関係している食物を書きましたが、あくまでも、食物というのは、その季節にとれるもので、その人に合った物を、その人に合った食べ方をすることです。便秘するのは自分に合ってない食物を食べているからです。体が暖まりやすい人は、主食よりも副食を多めにし、生野菜を多めにとり、体が冷えやすい人は、同じものでも火をよく通して、主食を多めにとるようにします。バランスよく、自分に合ったものを食べるようにして、その上で美容効果を考えて調理して下さい。

【身土不二《しんどふじ》】

自然の法則は、その土地にその季節に必要なものを生み出します。ですからいわゆるその土地の旬《しゅん》のものを食べることが即ちバランスのとれた食事法につながります。

主食とは、玄米とかそばとか麦というように年中食べることができるものをいいます。副食は、春は、新鮮な野菜で冬の間に体にたまった宿便や、動物性食の毒を中和するようにし、夏は体を冷やすものをとり、秋は、夏に使った栄養を補給し、冬の準備をしはじめます。冬には体を暖めるものをしっかりとるようにします。


【心身の異常と栄養】


例えば、猫背になっていると、胃液の分泌調節をしている胸椎六番から出ている神経の働きを異常にしますから、胃液の分泌異常のために、食べられなかったり食べ過ぎたりします。

首に異常があると首を通る迷走神経に異常刺激を与えるため、胃腸に炎症ができたりします。腰に異常があるか力が弱いと、胃腸の収縮力が不足しますから、食欲不振、下垂、便秘などになります。

また背中がこっていると、慢性的胃病をつくり、腰がこっていると慢性の腹痛をおこしやすくなります。また手が弱いと胃が、足が弱いと腸の働きが弱くなります。

呼吸が不完全だと、酸素が不足するだけでなく、腹力が弱くなって、血行も運動も不完全になり、食物も酸化できません。

また胃腸は心の影響をそのまま受け、心がたるんでいると胃腸もたるみ、心の混乱や脳の働きの異常や失調はそのまま胃腸の働きの混乱、異常、失調として現れてくるのですから、ただ食べてもダメだということになるのです。

一つの物から高い栄養を吸収するためには、心の働きを整え、たかめて、ほがらかに保ち、呼吸を完全にし、姿勢を正しくして、栄養をつくり出す内の働きに協力しなければならないのです。これがヨガ美人となる、栄養の面での条件です。

【ヨガの食事法】

これはバランスの原理にもとづいています。バランスといっても栄養成分のバランスだけでなく、自然法則に従って自他全体の生活のバランスを保つ立場にたっています。すなわち、どういう人がどういう食物を、どんな時にどのようにして、どの位どのような所で食べたらよいかを研究します。

この観点からいえば、適食というものは、質と量、心身的、生活環境的に調和のとれたものということになります。

ヨガ入浴法

ただ、風呂に入れば、健康によいのではありません。風呂の入り方には、種々の目的があります。リラックスを求めて、楽しむために入る方法もあれば、病気を治すために入る方法もあります。

リラックスのための方法は、精神性をさらに豊かにする方法ですから、音楽を聞きながら入浴するのもよいでしょう。家族水いらずで、スキンシップを深めるのには、より効果的です。皮膚病に悩んでいる人は、塩湯に入るとよいでしょう。またアルカリイオンを多く含んだ鉱泉に入れば、胃下垂、冷え症、肩こりなどにはよい効果をもたらします。イオウ湯は保温性をもたらし、肌のつやを美しくする効果もあり、特に慢性病疾患で悩んでいる人にはうってつけです。

また、一日の疲れがとれない人は、少しぬるま湯にして、長く（三十〜四十分）体を浸してから、パッとあがるのもいいでしょう。

体が冷えきっている場合は、少し熱い湯にサッと入って、乾布摩擦を少し強くするのも一案です。少し熱い湯に三十分も四十分もつかっていられるのは、体が老化している証拠です。

【体の洗い方】

自然のヘチマを使い、毛穴にそって足の裏から心臓の方に向かって、大腿部、腹部、心臓とくまなく、回しながらマッサージします。次に、首の後方から肩、手の先、心臓に向けて、軽く左から右に円を描くようにマッサージします。このヘチママッサージ方法は、油性の人、ニキビ性の肌にとても効果があります。

次にコメカミから頬、口のまわり、あごと順序よく左から右へと円を描くようにマッサージします。

十分マッサージした後は、冷たい水で流します。次に入浴による自己診断法の一例を書きましょう。

全身的に温めたのですから全身的に赤くなるべきでしょう。ところが異常のある人は、そこに関連した場所が赤くなりません。すなわち、そこが「つぼ」です。

そこを赤くなるまでふくと治療法にもなるのです。

【温冷交互浴】

温冷浴とは、湯浴と水浴を交互に行うもので、水浴に始まり水浴で終わります。湯の温度は摂氏四十一度ないし四十二度、水の温度は十四〜十五度となっています。最初は水温二十度くらいから始め、徐々に十四〜十五度にさげていきます。

温冷浴の効果は、温浴で皮膚をゆるめ、冷浴でひきしめますから、皮膚は若々しく弾力性を保持し、風邪をひきにくい体質となります。また温浴によって血管をひろげ、水浴によって血管を収縮させますので、血液の循環がよくなります。また温浴は、副交感神経を、水浴は、交感神経を刺激し、自律神経のバランス安定力を高めます。

【サウナ風呂】

サウナ風呂に入って、汗を流してやせようとする人がいます。たしかに一時的に水分が減り体重も減りはしますが、しかし、のどがかわいて水を飲んだりすれば、もとにもどってしまいます。つまり、サウナ風呂は、皮下脂肪の代謝をうながす刺激にはなりますが、汗を出して体重を減らすのには一時的な効果しかありません。腎臓病などで水分がうまく排出されない人はむくみとなり肥満の原因となりますが、もともと水の量と肥満とは無関係のものです。

また、人間の体の中の水分は、二十％以上減ったら生命の危険をまねきます。きちんとした食生活と適正な運動をしている人がサウナに入るのはよいですが、ただサウナだけで汗を流し減量しようとするのは、健康的なやせ方とは言えません。

サウナだけではありませんが、どんな物でもそれがよいものであるからと、つづけてはいけません。つづけると中毒し癖がつき、その害をうけます。私の所の指導員の一人ですが、サウナに入りつづけすぎて、皮膚全体に二年も斑点がでていました。また吸圧器を使いつづけたために、全身が毛ぶかくなった女性も何人かいます。中毒によって神経とホルモンが異常になったのです。ヨガの刺激法は、変化刺激法です。

【水浴】

マラソンや運動で汗をかいた後には水浴をします。マラソンなどの陽刺激の後に冷刺激（陰性刺激）を与えますと、膨張した血管が収縮し、血管の弾力性が高まって血液循環がよくなります。体温を高めておいて次に冷やすことによって、神経の緊張と弛緩、および血液の酸・アルカリのバランスをとります。

また、水浴の後は、一時的には気分がたいへん爽快になり、持続して行うと皮膚が鍛練されて、感冒にもかかりにくくなります。全身的には内臓の機能が盛んになり胃腸の消化吸収作用が高められ、精神力もしだいに強固になっていくという効能があります。

注意することは、熱い身体をいきなり水中に投げ込まないことです。心臓から一番遠い足から、だんだん心臓に近いところに順に水をかけていくことです。そして、水に入る時は、息を強く吐きながら入るようにします。

ヨガ冥想法

【美しさの鍵は冥想にある】

冥想行法は私たちが生活していく上で、心身にやすらぎをあたえる最上の方法です。釈迦やキリストやその他の宗教者は、等しくこのヨガ冥想行法を行うことで神性と仏性を開発して悟りを得られたのです。沖ヨガはこの冥想行法を中心にして、また目的にして説かれているものです。

「悟り」といえば、何か難しいことのように思えますが、心と体と生活を整え、正しい理解力で事にあたれる状態をいうのです。従って集中力とリラックスする力を高めなければなりません。そのための方法と状態を説いているのがヨガの冥想行法なのであり、言いかえれば人間として正しく生きることのできる自分をつくりあげることです。この行を通じて内面からの美しさを追求して下さい。

【なぜ冥想行法で美しくなるのか】

生理面では脳が安定して自律神経やホルモンのバランスを正常にしますから、本来あるべき自然な状態にもどるわけです。新陳代謝の働きがさかんになり、異常回復力も高まり、女性は女性らしく美しくしなやかな体になるのです。集中とリラックスの切りかえが上手になり、精神的なストレスによる害を受けにくくなります。

さらに、何かにとらわれやすい心の状態から解放され、固定観念や俗説、迷信にしばられることなく、自分で良い悪いを判断し積極的に行動できるようにもなります。全てを喜びにかえる心になりますから、体の働きも生き生きとしてきます。

心と体は表裏一体の関係ですから、一方だけ良くしようとしても効果はあまり期待できません。冥想は心と体の両方を同時に正常にし、安定させ、さらに向上させることのできる最高の自然法です。

【冥想の仕方】

・座り方――正座をします。その時、両足の親指を重ねて下さい。ヒザは握りこぶしひとつ分ほどを目安に開きます。次に腰を前にそらし、胸を張ります。アゴを少しひいて、首筋をスッと伸ばします。肩に力を入れないよう。口は軽く閉じます。両手は親指と人さし指で円をつくり、他の指は自然に伸ばしたまま、ももの上に置きます。

・呼吸――ゆっくりと深くリズミカルに呼吸をくり返します。

息を吐く時は、ゆっくり、しぼり出すようなつもりで腹を引っ込めてゆきます。吸う時は、吸おうとしないでしめた腹をゆっくりとゆるめます。すると自然に、空気が入ってきますから、それに合わせて、腹から胸へと十分に息を満たしてゆきます。吸い終ったら少し息を止め、その後ゆっくり吐いてゆきます。一呼吸ごとに、呼吸を深く、安定したリズムで行ってゆくようにします。吸う息は吐く息よりも短く行います。

・心――ろうそくの炎を凝視するろうそく冥想、白紙に直経五センチ程の黒丸を書いて凝視する黒点冥想、この二つの方法は集中力を養うのに最適です。ろうそくの炎も黒点も体から一メートルほど離し、目の高さより少し低めの位置に置きます。眼は半分だけ開いて、なるべく眼ばたきをしないようにして見つめます。

雑念がわいてきてもとらわれず、気にせずにドンドン流してゆきましょう。慣れてくると雑念も影をひそめてゆき、炎や黒点にのみ集中できるようになります。その結果、仕事や勉強における集中力が高くなり、能率アップできるのです。逆にくつろぐ時は仕事の事など頭から離れてくつろぐことに集中できるようになるのです。

もう一つの方法は、眼を閉じて行うものです。そして意識的には何も考えないのです。すると無意識の中から様々な雑念がわいてきます。これもとらわれずに次々と流してゆくのです。こちらの場合は、しだいに何も考えていない白紙の心に近づいてゆきます。それにより、自分の考え方をしばっていた固定観念や俗説から解放されて、豊かなイマジネーションと自分独自の考え方が持てるようになります

4 ヨガと妊娠、出産

ヨガ式自然分娩法

ヨガの母胎育成法は、単に安産するための体操ではなく、自然現象としてのお産が、スムーズに進むように、心身・生活・食事の異常を正し、整えながら、実践していきます。

初産の人は三～四カ月頃から始めます。二回目以上の方は、もう少し早くから始めても結構です。これまで母体育成教室に参加した方々は、初産でも二十分程度で産んでいますし、母子ともに大変健やかで、産んだ後も病気などはなく、子供も情緒が豊かで、皮膚と眼が大変美しい赤ちゃんが生まれています。今まで不妊症であった方や流産癖のあった方々も教室に来られますが、結婚して十五年目に、初めて赤ちゃんができた人なども、ずい分でてきています。

妊婦は臨月が近づくにつれ、ホルモンが整ってくるし修正法を行っているので皆さん大変きれいになられ、病気も治ったり、歪みも正され、精神的にも安定され、妊婦であることを忘れるほど、体も軽く調子がよいと言われます。妊娠時は断食などと同じように抵抗力、防衛力、回復力が高まっているのでこのチャンスを活用して修正法を行うと、健康度が増し美しくなれるのです。

良い子を産むためには

貧血、便秘、逆児などは、まず第一に解決しなければなりません。心の面では、ともかく母の心の動きが、そのまま胎内の赤ちゃんに影響するわけですから、いろいろな工夫をして心を楽しませ、リラックスさせて安定させることが大変重要です。イヤなことがあっても、そのことに集中せず「良い子を産む」こと一本に妊婦は心を集中させる必要があります。

「もう一つの生命を自然神から授かっている自分の体は、もはや肉体でなく、母胎でありますから、聖母のような笑みをたやさず感謝に満ちた生活を送らさせていただきます」という心で生活することが一番重要です。

体の面では、ヨガ美療の修正呼吸体操を行いながら、①歪みを正す、②呼吸を深く強くして腹圧を高める、③アゴのしまる力をつける、④腰の力をつよめる、⑤膣の開閉を高める、などにポイントをおきます。

食事の面では、玄米、菜食を基本とし、鉄分、ミネラルの多いものを食べます。季節に合わせて料理法も変えていきます。妊娠中食物の要求の変わる人がありますが、これは偏食していたことですから、体の要求に従って自分にあった食物をみつけて下さい。

つわりのひどいことは食べ過ぎの警告です。

生活の面では、洗剤の使用や、パーマ、薬などをいっさいやめます。妊婦が特に気をつけなくてはならないことは過食と運動不足による肥満と過剰栄養です。母胎が過剰栄養になるとバランスをとるために胎児は栄養不足になります。また、肥満が呼吸力、腹力（りきむ力）を弱化し、膣内脂肪が産道をせばめ難産の原因になります。

安産ヨガ体操１

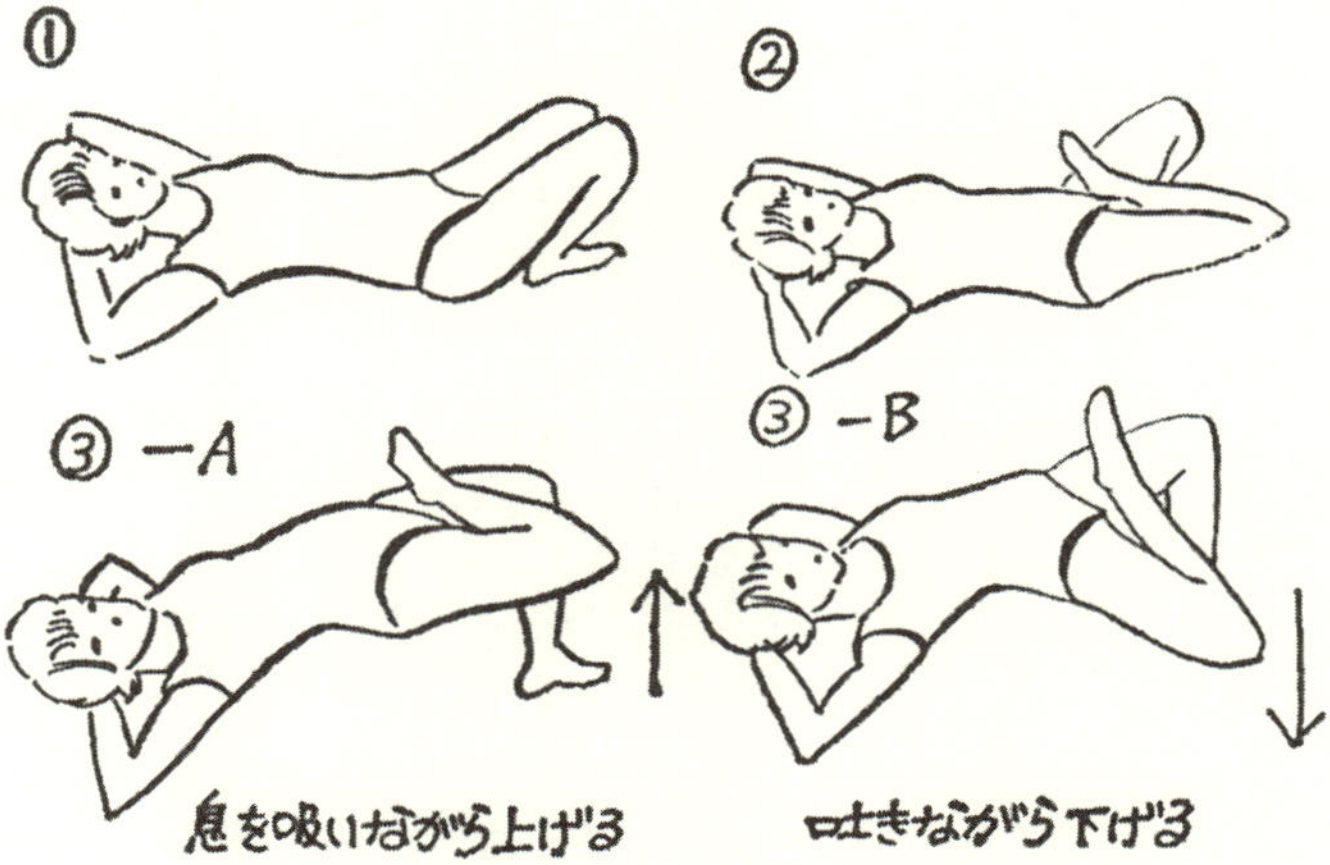

安産ヨガ体操

安産法の体操はすべて、できるだけゆっくり、静かに、長い呼吸で行うようにして下さい。

安産ヨガ体操１

① あおむけになり、手は首の後ろで組み、足はくっつけて、ヒザをたてる。

② 右足のヒザを外側に開き、かかとを左足のももにのせる。

③ 息を吸って吐きながら、腰を上げ、右足のヒザを、息を吸いながら上げ、息を吐きながら下げる。

④ 数回くり返してから静かに腰をおろす。

⑤ 足を組みかえて、逆も行う。さらにやりにくい方を多く行う。

安産ヨガ体操２

① 座って、両手は首の後ろで組み、ヒザを曲げ、できるだけ体に近いところで足の裏を合わせる。
② 息を吸って吐きながら、ヒジとヒザをそれぞれくっつける。
③ 息を吸って吐きながら、胸をつき出すように、ヒジ、ヒザをできるだけ開く。これをくり返す。

安産ヨガ体操３

① あおむけになり、両手を胸の上で合掌し、ヒザを外側に開いて、足の裏を合わせる。
② 息を吸って吐きながら、両手は頭の上へ、足は床から少し上げ、できるだけ下へ伸ばす。
③ 息を吸いながら①の姿勢にもどる。

安産ヨガ体操２

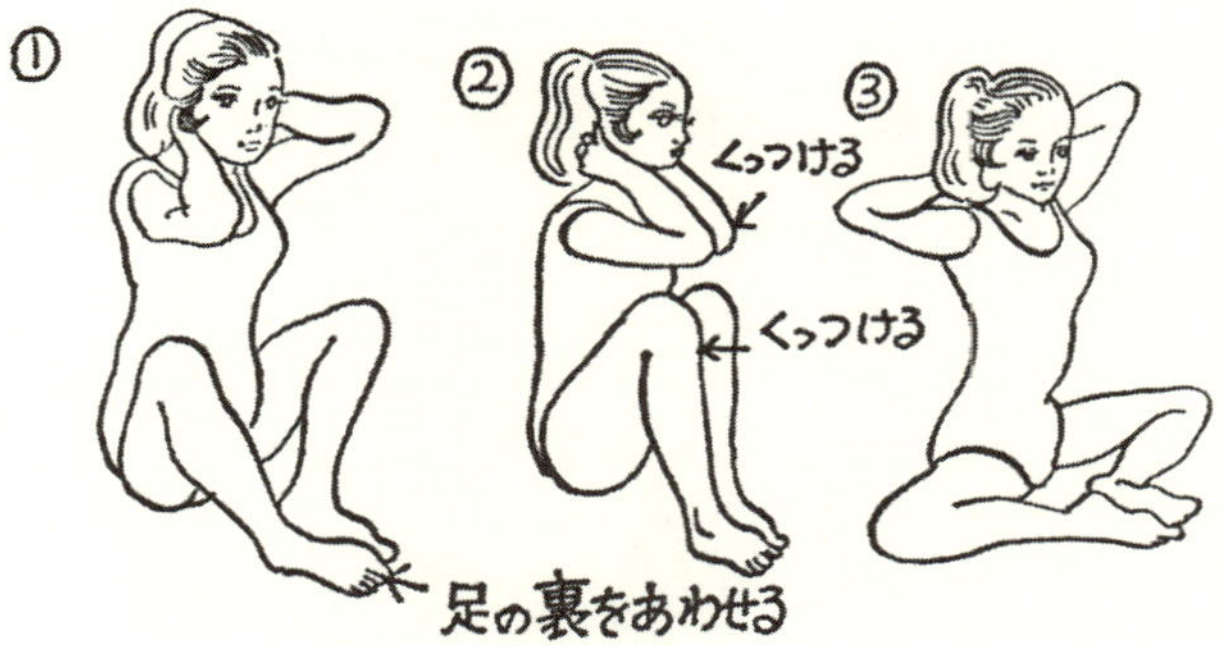

安産ヨガ体操３

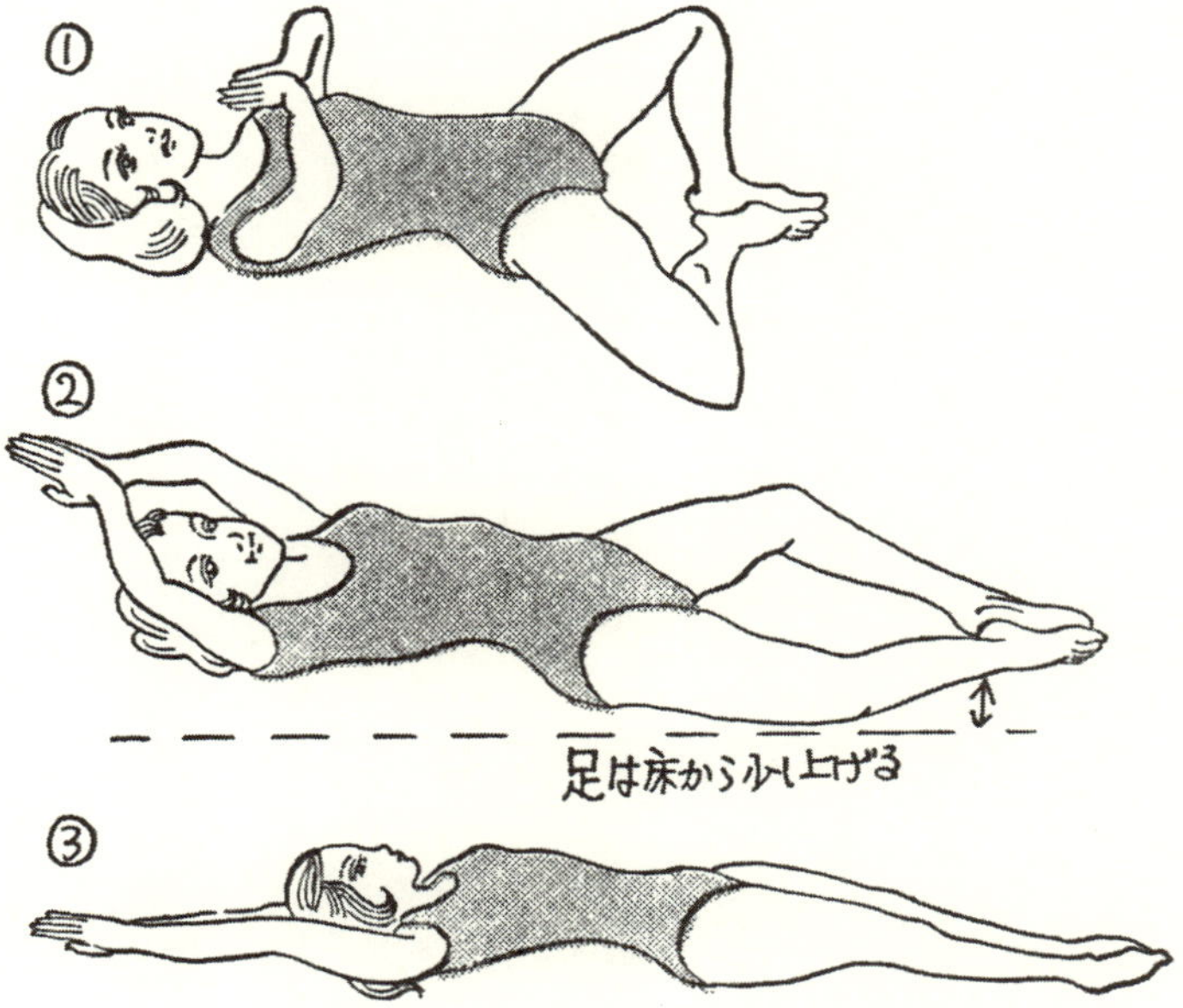

安産ヨガ体操4

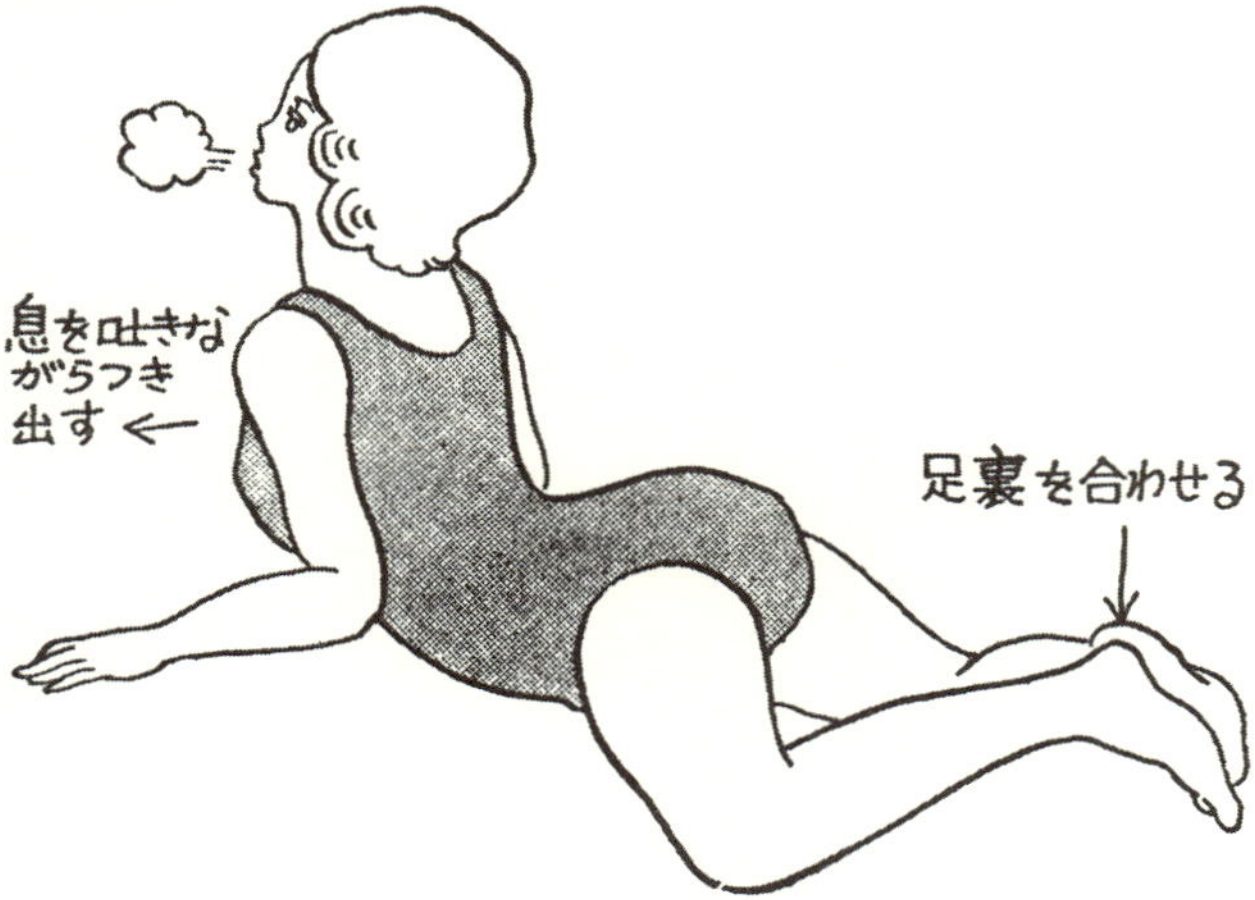

安産ヨガ体操4

① うつぶせになり、両手は胸の横につき、両ヒザを外側に曲げて足裏を合わせる。

② 息を吸って吐きながら、胸を突き出して、上体をそらせる。

③ 息を吸って、少し上体を下ろし、吐きながらさらに高くそらせる。

④ ③をくり返し、息を吸いながら静かに①の姿勢に戻す。

お産を利用して美しくなる

女性だけができる素晴しく尊い仕事である妊娠、出産というものを通して病気を治したり美しくなる方法があると言ったら、あなたは驚くでしょうか。

すやすやと眠る赤ちゃんを抱いたお母さんの、やすらかで優しいほほえみを何度も見たことがあるはずです。そんな時の女性は、何よりも美しく輝いているのです。

もしあなたが「妊娠」とわかったら、また子供が欲しいのだったら、絶好のチャンスです。「お産」という天与の儀式に修正法を加えると体を改造することができ、どんどん美しく変わることが可能なのです。そればかりでなく、抵抗力が高まり健康になり、精神が安定するので充実した人生が送れるようにもなるのです。

しかしただ妊娠したからといって即、美しくなれるなどと都合のいいことを思わないで下さい。不規則な生活をしている人、体の歪みのある人、かたよった食生活を続けている人、呼吸の浅い人、怠け者の人、心が弱く暗い人などは、美しくなるどころか、かえって醜く太ってしまうことでしょう。生理痛や便秘症、神経質、栄養不良者、肥満症の女性は放っておけば自然分娩はできないものと考えてよいでしょう。これらは体に歪みがあり食生活があやまっていることです。

そして、この種の人は難産、ひどいつわり、未熟児、流産、逆児、不妊症などになる可能性が非常に高いのです。

ヨガ体操と呼吸によって体の自然性を高めて下さい。驚くような安産が約束できます。肥満にならないこと、自然分娩（無痛分娩）すること、美しくなること、健康になること、これらはすべてひとつのことです。それが生命《いのち》の本来のあり方なのですから。妊娠とは病気でも何でもなく、妊娠という名の健康体（自然体）と考えればいいのです。

自然体になるには、何よりも普段の心がまえ、生活態度から改めてゆかねばなりません。しかし特に妊娠中は次の四点（腰腹筋力の強化、呼吸力の強化、食生活の是正、精神的安定の向上）にポイントを置いて下さい。

【腰腹筋力】

とにかく妊娠中というと、本人もまわりの者もはれ物にさわるようにして接しがちです。夏などでも厚着をして苦しそうに歩いている妊婦とか、体にさわってはいけないと一日中、ただじっと家の中で食べて寝ているだけという人がよくいます。

これなどは「安産」を望んでやっていることでしょうが、実は、反対に安産を妨げることばかりやっているのです。過剰保護や病人扱いは無用です。

妊娠は自然現象なのですから普通の生活と何ら変わることなく、いやむしろ妊娠中ほどよく働いて手足をできるだけ動かすべきです。昔、良家の子女などは体を動かすことが少なかったので、わざと豆ひろいなどをして腰腹筋力をつけたものです。
ただし、急激な運動はしないことです。ゆっくりと、そしてゆったりとした気持ちで行って下さい。

【呼吸力】

現代人は忙しい生活を不規則に続けているため何よりも呼吸が浅くなっています。呼吸が浅いと横隔膜が弱く内臓が下がりやすくなります。内臓が下がると骨盤が上がり、体の重心が上に移動します。すると腰の力がぬけるので、りきめなくなり、結局、難産ということになるのです。心配したり、よけいな刺激を体に与えず笑っていられる状態が最高です。「動きと心」に気をつけていれば呼吸は深くなります。

呼吸は日頃の生活がそのまま反映されるので、いわば自分の健康のバロメーターともなるでしょう。

【食生活】

かたよった食生活をしないこと、これがすべてです。妊娠というのは母と子の協同作業なのですから母親の不健全な食生活はそのまま子供に響きます。難産者に一番多い例は膣を脂肪がとりまいて産道をせばめていることですから、妊婦の肥満は禁物です。

「自然食をする」ことを守るのが安産の条件です。そうすれば奇形児や未熟児が生まれる心配もありません。現代医学は何かというと薬を与えますが、薬を飲むと神経がマヒします。そうすると酸素不足になり、奇形児などが生まれる原因となります。

逆にいうと病気などで投薬をうけている間は妊娠しないように心がけるべきでしょう。

【精神的安定】

妊娠というのは、一人の女性がもうひとつの生命を生むという非常に創造的な聖業であり、おそらく女性にとっては人生の中の最も重要な仕事のひとつだと思います。だからそれによって心身ともに変化が起こります。

精神面においては「こわい」「失敗したらどうしよう」「つわりで苦しい」などと特に初めての女性はよけいな想像をしがちです。こうした精神的な恐怖心こそが受胎期や出産時の苦痛とか死産などをおこすのです。

普通、つわりなどで苦しむのはあたりまえのような感覚がありますが、それこそが不自然というものです。心と体をリラックスさせ、正食によって血が清ければ、そのような苦しみを一度として味わうことなしに分娩することができます。

胎教とは子供に影響を与えるためと思っている人がいますが、それが本当に必要なのは実は子供ではなく妊婦自身なのです。胎教とは、自分の心を安らげ、喜ばせ楽しくさせ尊ばせるものです。

ヨガで精神修養さえしっかりやっておけば出産に何の不安をもつこともないのです。そうすれば女性ホルモンの分泌もスムーズに行われ、いわゆる「母性」というものが輝き始めることになるのです。

こうしたポイントを守って妊娠を上手に利用する女性は、心身ともに安定した美しい「母」であり「女」となることができます。

また出産後は体が広まる力が高まっているので、そのまま放っておくと、肥満の原因となります。だから、しめる力の訓練をしなければならないのですが、赤ちゃんにお乳をのませることもその訓練のひとつです。母乳は赤ちゃんによいばかりでなく、母親にとってもしまる力を強める刺激となり、産後の肥立ちを助ける役割を果たしているのです。乳房を刺激すると、腹筋、骨盤、臀筋のしまる力がたかまるのです。

中絶について

妊娠といっても無事に出産できればよいのですが、時には中絶しなければならない事態も起こるでしょう。

私が問題にしたいのは妊娠中絶についての善悪ではなく、その後遺症です。

先に述べたように、妊娠というのは自然現象なのですから、妊娠すると自然の流れがすべてその方向にむかって母胎を整え始めるのです。

それを中断するということは全速力で走っているところに急にストップをかけたようなものですから、体に無理が生じるのは当然のことでしょう。

出産に備えて変化しつつある母胎が、中絶したからといって急に元に戻るわけはありません。なお変化は続いているので、体をそのまま放っておくと、体調を崩したり、次の妊娠がうまくいかなかったり、不妊症になったりするのですから、中絶後にはその後遺症をつくらぬために修正法が絶対に必要です。中絶による後遺症によって、醜くなったり、心身に異常を生じている人が大変に多いのです。

妊娠と出産を活用して健康に、かつ美しくなる方法を述べてみましょう。沖ヨガでは、病気は生命の行っている忠告であると教えています。妊娠は病気ではありませんが、防衛力、治癒力、抵抗力が極度に高まっていますから、健康人が妊娠すると、ますます健やかになります。

しかし、心身に異常があると、胎児と母胎を守るために、いろいろな反応がおこってきます。病気のような症状が生じますが、病気ではないことを知って下さい。その証拠に、ヨガの修正法を行うと解消します。これは断食中におきる反応と同じものです。断食は逆のことですが、同じように生命力がたかまるので、健康法や美容法として活用ができるのです。

また胎児は母胎そのものではなく、半分は異分子（男のもの）です。生体は、自分のものでないものを拒否、排出、またはそれに適応しようとしますから、体質の強化改造が容易なのです。それはどうしたらいいのかというと、自分に現れた症状から学ぶのです。これらのことはまた別の機会にお教えします。

(付) 女性の美しさについてのQ&A

人間に「完全」や「美」に対する強い憧れがある限り、人間と悩み、不安はきってもきれない関係です。悩むことと生きていくことは同じ根から出たことともいえるでしょう。

ヨガに興味をもつようになった人たちにはいろいろな動機があるでしょうが、こうした「悩み」を何とか解決したくて入門した人もたくさんいます。私は長年、心身の悩みに答え、指導してきましたが、ここではそうしたなかから代表的な疑問に答えてみました。本書を読まれる方の参考になれば幸いです。

——いつも憂うつです。気にしまいと思っても、ついいろいろなコンプレックスをもってしまいます。

沖 「悩む」というのは何か欲求があるためです。それは人間として正常な行為であり、全く悩まないとしたらそれこそ問題です。

大切なことは、その自分の悩みに対して、どのように考え、悟るかということです。悩みを喜びに変える力と工夫さえあれば、コンプレックスこそ自然の美しさをひき出してくれる良い材料といっても過言ではありません。

「悩み」は自分の要求過多によることが多いのです。すなわち他人と比較してムダな劣等感を持っているということです。自分自身の美を追求しようとする心がないから、達成不可能な他人の美を見て悩んでしまうのでしょう。

他人に対して自分を美しく見せようとせずに、自分に対して美しい自分であろうとする努力が大切です。そして、とにかく実行することです。実行せずに悩んでみても意味がありません。この努力を通して他人もあなたの美しさを認めることでしょう。他人の目を気にする人は、自分一人でいる時決して美しくなることに努力しないものです。

――いわゆる痩身法についてどのように考えたらよいでしょうか。

沖　「異常を治す」という観点からみてよいものなら、漢方薬でもその他の方法でも、各人に応じてするのはよいことです。

しかし痩身法の多くは、外面的な点を重要視しています。そのために体重計を見て軽い、重いと騒いでいますが、まず異常を正しい自然体に戻すことこそが大切です。

たとえば、サウナでやせようとする場合、連続してしない方がよく、連続してするとホルモンのバランスが崩れ、シミ・ソバカスが生じます。無理に特定の方法だけで行うのではなく、運動によって自然に発汗するのが一番いいのです。鍼灸なども連続してしない方がいいでしょう。何事も度を越さないように注意することが大切です。
また断食は今までの食生活を変えるためなら確かに効果がありますが、以前と同じものを食べるなら、断食後は吸収能力が高まっているのでかえって逆効果です。だから断食だけで安直にやせようとしてもムダです。
またダイエットフードなども同様に、それだけでやせようとするなら、百害あって一利なしというところでしょう。その他生野菜だけ食べて、やせようとすることなども、危険なことです。そういった偏食は、必ず不健康な体にしてしまいます。ともかく「正常な栄養をとる」のが第一原則です。健康力を高めて、異常を正し、心身を当然あるべき姿にすることが一番大切です。無理なことをしても、続くものではありません。

――美容整形についてどうお考えになりますか。

沖　不幸な事故や思わぬケガなどでできた傷跡、つまり、もって生まれた体の状態ではなくなった場合は、可能な限り、元にもどすべきだと思います。
しかし現在、若い女性などがこうした手術を受けるのは内面から美しくなるのではなく、外見的に美しくなりたい、という場合が多いと思います。そのような動機である限りは、後遺症の問題も考えて、私は不賛成です。

――社会的に肥満がふえているというのは事実でしょうか。

沖　心身ともにバランスのある生活を送り体を使っていれば、病的原因以外には肥満など起こるはずがありません。

しかし現代はいろいろな面で合理化、機械化が進み、人間は非常に保護的な生活に慣れきってしまい、そのぶん体の使わない部分がふえ、そこにぜい肉がついて結局、肥満人口はふえることになります。

運動不足や酸性、陰性の食物のとりすぎが胃を弱め、体をひきしめる力を弱くしているのです。文化生活は筋肉をひきしめるチャンスが少ないので、太っている人は意識的にしめる訓練をする必要があります。

――女性の社会進出がふえ、キャリアウーマンという言葉がはやっていますが、そうした女性が健康に楽しく生きるには、どうしたらよいでしょうか。

沖　社会というものは、その時代の都合によって、また要求によって、ひとつの形態が制度化され規範を作ってしまっています。したがって時代の変化とともにまた個人別によって、男女のあり方も違ってくるのです。そのため規範にこだわらない真の人間としての、自由でとらわれのない生き方を目ざさなければなりません。

　女性を家の中にしばりつけ、家事をしなければならないという決めつけ方は人権を無視したやり方です。このような規範にしばられると、無気力、運動不足、イライラ、過食癖、便秘などに陥り、不健康の原因になるのです。

　しかも、家事の仕事に忙殺されるのならまだよいのですが、最近は家事そのものが楽になり、その上、子供が成長しようものなら、暇をもてあますことになります。自分の生きがいとして社会に出て仕事をすることは、現代では当然と考えてよいのです。

　男女の別なく、一人一人がやれることをやり、心身の能力を最高に発揮させる生き方を考えなければなりません。女性は特に結婚相手や環境によって大きく左右されますから、しっかり、自分をつかむようにしていただきたいと思います。

　現代の女性は子供を産む時期、母親を必要とする幼児期の養育期以外は、男と差別されることなく人間として人生を見つめる方向に歩むべきで、その人の人生観やまわりの事情に合わせて、本当に喜べる生き方を求めていただきたいのです。

復刊に際して

本書は、昭和五十四年に潮文社より刊行された『やせるヨガ美療――無理なく美しく健康に』を改題したものです。復刊に当たって、読みやすさを考慮し漢字の表記を改めた箇所がいくつかあります。タイトルは、本書の内容に即して変更しました。

著者の沖正弘氏は、日本にヨガを広めた草分けとされている人物です。たんにインドのヨガを輸入したのではなく、日本を含む世界各地の修行法や医療法を学んだうえで、沖ヨガと呼ばれる独自のシステムをつくりあげました。その影響力は、日本だけに留まらず世界的なものでした。欧米では、Oki-do Yoga（沖道ヨガ）とも呼ばれています。台湾においては今でも、最大のヨガ組織が沖ヨガの団体だとのことです。

現在の日本では、アメリカから輸入されたヨガに人気が集まり、日本生まれの沖ヨガを知る人は残念ながら減ってしまいました。とはいえ、沖ヨガの影響力は今でも健在です。たとえば、数年前に、片付け術として「断捨離」というのが流行りましたが、断捨離の提唱者のやましたひでこ氏は、沖正弘氏の弟子にあたります。沖ヨガの道場で教わった断、捨、離という三つの行を発展させて、片付け術としての断捨離を提唱したのだそうです。片付け術にまで影響を与えているというのは、生活のすべての場にかかわる総合的な沖ヨガならではのことです。

沖ヨガをいまでも魅力的で影響力あるものにしているのは、固定観念にしばられないその独自性にあると思われます。このことは、女性が美しく魅力的であるためには、いたずらに他を真似するのではなく創造的に個性を生かすことが大切だという、本書の主張とも通じるところがあるようです。読者がそれぞれの個性を生かした自分のヨガを見つけるためのヒントが、本書にはたくさん詰まっていることでしょう。

発行者記す

平成三十年五月

沖ヨガ美療

醜さの原因を治し美しさを回復する

-著者紹介-

沖 正弘（おき・まさひろ）

1919年－1985年。
戦前に特別諜報員として派遣されたインド、イラン、
モンゴル、中国などにおいて伝統的な医療と宗教に触れる。
戦後も世界各地で研鑽を重ね、求道的かつ総合的な
沖ヨガを創始する。ヨガの認知度がまだ低かった時代に、
日本のみならず世界にヨガを広めることに貢献した。

2018年7月20日　初版発行

著　　者……沖 正弘
挿　　絵……早稲本 雄二
装　　画……熊坂デザイン／クマサカ ユウタ
発 行 者……中原 邦彦
発 行 所……季節社
〒603-8215 京都府京都市北区紫野下門前町52-2 大宮通裏
電話：050-5539-9879　　FAX：050-3488-5065
印刷製本……株式会社シナノパブリッシングプレス

ISBN978-4-87369-100-8